简明财报分析指南

教你如何挖掘好公司

程郡 著

四川人民出版社

图书在版编目（CIP）数据

简明财报分析指南：教你如何挖掘好公司 / 程郡著.
-- 成都：四川人民出版社, 2021.5
ISBN 978-7-220-11079-5

Ⅰ. ①简… Ⅱ. ①程… Ⅲ. ①上市公司—会计报表—
会计分析—指南 Ⅳ. ①F276.6

中国版本图书馆CIP数据核字（2021）第065646号

JIANMING CAIBAO FENXI ZHINAN: JIAONI RUHE WAJUE HAO GONGSI
简明财报分析指南：教你如何挖掘好公司
程郡 著

责任编辑　张　平
责任印制　周　奇
封面设计　张　科
责任校对　舒晓利
策　　划　杭州蓝狮子文化创意股份有限公司
出版发行　四川人民出版社（成都槐树街2号）
网　　址　http：//www.scpph.com
E-mail　scrmcbs@sina.com
新浪微博　@四川人民出版社
微信公众号　四川人民出版社
发行部业务电话　（028）86259624　86259453
防盗版举报电话　（028）86259624
制　　版　杭州真凯文化有限公司
印　　刷　四川五洲彩印有限责任公司
规　　格　170×230毫米　16开
印　　张　13.5
字　　数　180千
版　　次　2021年5月第1版
印　　次　2021年5月第1次印刷
书　　号　ISBN 978-7-220-11079-5
定　　价　59.80元

推荐序

从上市公司2019年的试点注册到目前要求全面实行注册制，中国资本市场建设持续加速。深入了解好公司、买入股票伴随公司成长，也将成为越来越多人的投资选择。

中国股市是一个散户为主的投资者市场，很多普通投资者并不是不想投资好公司，而是因为看不懂公司的财报，找不到好公司。在股票投资里，读懂一份财报，意味着不仅要理解“数字”，还要对这个行业、公司有深刻的了解，迅速提取有效信息，排除“噪声”，找准投资方向。但后者，没有丰富的股票投资实战经验，是无法给出解答的。

程郡是一名非金融科班出身的私募基金经理，他将理论知识和实践运用结合得非常好。同时，他的转型之路使他更能理解一个“外行人”读财报的痛点。此外，他每天都需要花费大量时间看公司、做决策、在市场反馈后迅速复盘。日复一日的积累，使他得以总结出一套即便精力有限也可以快速掌握、即便是普通人也可以学会的财务入门方法——快速看懂公司财报，为投资决策提供支持。

这本书与市面上很多讲财务的书的不同之处在于，它将公司财报比作是隐藏着公司秘密的故事书，通过通俗易懂的语言和鲜活的案例，对高深晦涩的财务知识进行讲解，还把快速看懂财务报表的庖丁解牛之术教给大家，帮助更多人快速看懂公司财报背后的秘密。

20世纪90年代初，我作为公司问题专家进入证券交易所研究设计联合办公室工作，参与中国证券市场建设中的公司问题研究。多年来，主持国家电力公司、中国航空工业集团公司、中国铝业集团、海尔集团、海南航空等近200家各类企业的股改、上市及管理咨询方案设计。2009年以来，又先后担任中国政法大学资本金融研究院院长、商学院院长。因此，无论是作为中国资本市场建设的亲历者，还是作为培养法商复合型人才的教育工作者，我都希望中国的股市里有更多的理性投资者，共同创建一个健康的市场环境，吸引更多的资金进入，从而让更多的理性投资者获得回报，形成良性循环。

最后，希望有更多的投资者可以从这本书里获得启发，打下自己在资本市场中获得稳定复利的良好基础。

刘纪鹏

中国政法大学商学院院长

资本金融研究院院长

目录

五、存货：公司的秘密花园

六、固定资产：财务舞弊者绕不开的科目

七、无形资产：乐视网的无形资产之谜

八、商誉世界里的人生百态

九、递延所得税资产：乐视网曾向税务局“收税”

十、金融资产：上市公司买的股票算什么

三、毛利率：太优秀也是一种错

四、营业费用：如何才能花小钱办大事

五、资产减值：无处不在的“地雷”

六、其他经营收益：汇兑等对利润的影响

七、营业外收入：挣到这样的钱不算本事

八、什么利润是属于你的

第三章 现金流量表

第四章 把财报读出小说的感觉

三、运用对比，学会看财报

序章　每个丈母娘都是财务专家

很多上市公司在被发关注函之前，在人们眼中都是品学兼优的“好学生”，像中弘股份、博元股份、ST龙力、ST节能、神雾环保、乐视网等。

如果，你只是对这些公司进行了一番简单的了解，很容易地相信眼前的表象就是事实，于是买入相关股票。那么，接下来等待你的，就是让你哭爹喊娘的股价下跌了。

那么，怎么判断哪些公司是真的好，哪些公司只是打肿脸充胖子呢？方法就是，财务分析！

投资大师巴菲特说过：

> 你必须了解财务报表，它是企业与外界交流的语言，一种完美无瑕的语言。只有你愿意花时间去了解它，学会如何分析它，你才能够独立地选出投资标的。你在股市赚钱的多少，跟你对投资对象的了解程度成正比。

在我看来，**财务分析就好比是卸妆油，**能帮助我们洗去公司表面的修饰，使它回到真实的样子，以此帮我们排除坏公司，发现好公司。

很多人都觉得，财务分析太难了。在大学课堂上，会计学要学一年，财务分析也要学一年。但实际上，财务分析非常简单，所要掌握的知识和技能，大部分都是常识。甚至，几乎所有精打细算的丈母娘，都可以无师自通，成为财务专家。接下来，我们就从最基础的内容开始，看看一个丈母娘是如何灵活应用财务知识的。

做财务分析，就是要会看财务报表。一套完整的财务报表，一般包括“四表一注”，指的是：**资产负债表、利润表、现金流量表、所有者权益变动表，附注**。其中的前三个表，就是我们常说的，也最常用的三大表。见图1。

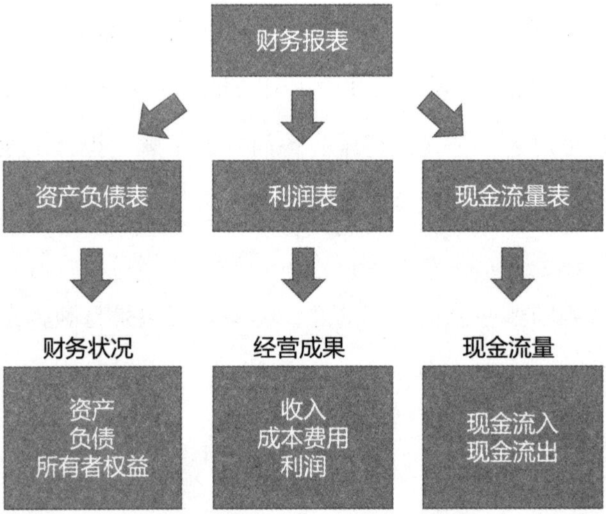

图1　财务报表的三大表

不管是投资人，还是丈母娘，首先关心的都是资产负债表，因为**资产负债表反映的是一个人、一家公司的家底**。

1. 资产负债表

准确地说，资产负债表是企业在报表日（每年的12月31日或每季度末）结束那一刻，资产、负债以及权益的“定格照片”。它是一个存量的概念。资产负债表里面包括了**资产、负债、所有者权益**三个细分项。见图2。

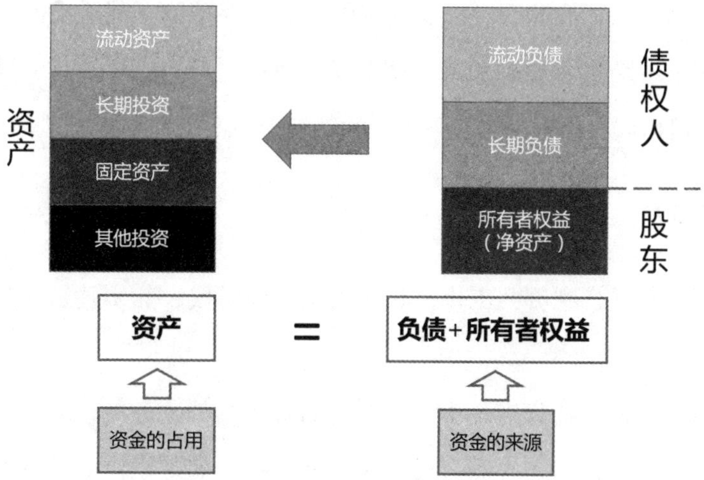

图2　资产负债表结构

我们先来说说资产。**资产一般分为流动资产和非流动资产。**

投资人考量企业资产的过程，好比丈母娘考核她的女婿。比如当丈母娘问他是否有房有车时，就是在问他的“固定资产”（非流动资产）有多少。当丈母娘问他有多少存款时，其实是考量他的“货币资金”（流动资产）是否充裕。如果他告诉丈母娘，自己虽然没房没车，但是有一些非常值钱的发明专利和知识产权，也就是有很多的“无形资产”（非流动资产），那么也会让丈母娘很开心。

不过，即便女婿有房有车，聪明的丈母娘一般还会留个心眼，会追问他买车买房的钱是哪儿来的。

年轻人的钱无非是两个来源：一个是借的，也就是所谓的**负债**；另外，要么是父母给的（父母是永远的投资人），要么是自己工作挣来的，这些都可以称为**所有者权益**。

借来的钱迟早是要还的。如果女婿买房买车主要是靠负债，那么他的资产负债率就太高了。这意味着，把女儿嫁给他，是要陪他一起还债的，这肯定会让丈母娘心里不踏实。如果女婿的钱主要是他自己挣的，哪怕是父母给的，都会让丈母娘稍稍放心，但是，接下来，她就要查看女婿的**利润表**了。

2. 利润表

当丈母娘问他，在哪儿工作，收入怎么样的时候，其实就是在问他的**营业收入**是多少。

不同的职业，工资肯定是不一样的。如果职业是公务员，那么工资（营业收入）就不会太高，但是福利方面相对会高一些。如果职业是投资人，看起来工资不少，但是花销很大。这里的花销就是**营业成本**以及**“三费”**（销售费用、管理费用、财务费用）。但是，投资行业的营业收入可能会逐年增长，而且每年还有可能会有不错的**投资收益**。如果职业是程序员，工资单很好看，花销也少。但是对大部分从业者来说，这份工作是吃青春饭的，过了精力旺盛的青年时期，收入不仅不增长，还有可能会下滑。

当丈母娘问女婿一年能剩下多少钱的时候，其实就是在问他的**净利润**有多少。

实际上，聪明的丈母娘并不会直接问他收入有多少，也许会问他一年交多少**“所得税”**。因为净利润和所得税的比例一般比较固定，所以知道了所得税的数据，也就很容易算出净利润了。

3. 现金流量表

通过利润表，丈母娘就能知道女婿每年的收入情况，判断他未来是否有发展前途。除此之外，她还有一个忧心的问题：女婿看起来是有能力挣钱的，但是他挣到的钱真的能变成现金吗？这个问题，用专业术语来表达就是，**看起来是有利润的，但是账上有没有现金呢？**

这就要看**现金流量表**了。现金流量表总体上分为3个部分，分别是：**经营活动现金流、投资活动现金流、筹资活动现金流。**

假设你的年收入是100万，除去各项花销和交税，最后还剩30万。但是，如果你所在的公司破产了，拖欠了大半年的工资；或者你根本就没有年薪百万，只是为了哄丈母娘开心谎报收入（财务上叫“虚增收入”）。与此同时，你的开销却十分大，最终导致入不敷出，那么，你的**经营活动净现金流**就是负数。也就是说，你的收入状况看起来是挣钱的，实际上，要么拿不到收入，要么收入是虚增的，最终的结果都是，没有现金的流入。

如果你的钱是用于买房地产，或者都被投入你的创业项目中，那么你缺钱是因为搞投资、谋发展。虽然你的**投资活动净现金流**是负数，但丈母娘是能理解的，说不定还会夸你上进。但是，如果因为你乱投资，导致投资活动净现金流连年为负数，最后创业还失败了，那么也是个大问题。

如果你的钱是用来孝敬父母了，导致你的**筹资活动净现金流**为负数，也是能被理解的——这说明你是真的有钱，而且还是个孝子。但是，如果你的钱都是靠借款或者是“啃老”获得的，那么丈母娘就有理由质疑你的能力了。

怎么样？每个丈母娘都是无师自通的财务专家吧？财务分析是不是挺简单？

第一章

资产负债表

一、资产负债表：一眼看清家底

我们在前文中知道了财务报表的主要框架，认识了“三大表”。接下来，我们要深入学习每张表，每个科目，一点一点把财报吃透。我们首先要学习的是资产负债表。

1. 区分合并报表和母公司报表

我国要求上市公司每年都要按照季度披露财务报表，所以财报一般分为一季报、半年报（中报）、三季报、年报四类。

无论是相对简单的季报，还是比较详细的年报，一般都会披露资产负债表、利润表、现金流量表。每张报表，又会同时披露母公司报表和合并报表，比如母公司资产负债表和合并资产负债表。它们之间有什么区别呢？

母公司，一般是指上市公司，母公司报表反映的是上市公司本部的经营情况。合并报表的背后并不是一个真实的法律主体，它是把上市公司本部、子公司，以及孙公司的会计报表数据合并生成的报表，以反映整个公司集团的财务状况和经营成果。合并后，会抵销母子公司、子孙公司之间的投资、交易和债权债务关系。

很多上市公司的本部，只是一个控股平台，大部分的经营活动都在子公司和孙公司进行，母公司报表无法反映实际情况，所以投资者真正关心的都是合并报表的数据。

学会区分合并报表和母公司报表后，我们再进入资产负债表的学习。

2. 资产负债表的两个规律

我们已经知道，资产负债表是用来反映公司在某一特定时间点，资本来源和资本使用状况的报表。说得通俗一点就是，通过资产负债表，你就可以知道一家公司的家底究竟厚不厚。

为什么这么说呢？我们首先来看看资产负债表的结构：

表 1-1　资产负债表的结构

资产	负债及所有者权益
流动资产	流动负债
长期投资	长期负债
固定资产	负债合计
在建工程	实收资本 / 股本
无形资产和其他资产	未分配利润

表1-1的左边是“资产”，右边是“负债及所有者权益”，它们之间有什么关系呢？

这里就涉及第一个重要的公式，所谓的会计恒等式：

资产（资金的占用）=负债+所有者权益（资金的来源）

这个等式很好理解。**资产，表示钱的去处；负债及所有者权益，表示钱的来源。**

资产，也就是资金的去处，无非是厂房、设备、存货、现金等。那么应该按照什么样的顺序来编排这些科目呢？仔细观察资产负债表，你会发现，**流动资产在前，非流动资产在后**，即，变现越快的资产，在资产负债表上的位置越靠前。所以，流动资产里的货币资金、交易性金融资产等放在最前面；而变现比较慢的非流动资产，比如固定资产、在建工程、无形资产等，都被放在了后面。

那么负债及所有者权益的相关科目是如何编排的呢？

我们知道，企业使用的资金要么是借来的，要么是股东投入的，这些都是要归还的，因此，负债的相关科目是按照还款的紧急程度来编排的，越紧急的排得越靠前；而所有者权益部分，则是按照可靠程度来排列的，股本——也就是注册资本是最可靠的，就排在前面；后面依次是资本公积[①]、盈余公积[②]等。

概括一下就是，关于资产负债表，我们要掌握两个基本的知识点：

一是资产＝负债+所有者权益；

二是资产负债表的科目是按照流动性从强到弱的顺序来排列的。

为什么要按照这个顺序来编排呢？

因为，财务报表最早的服务对象是像银行这样的债权人。债主们最关心的就是你能不能把我的钱还上，所以也就会特别关注，你的哪些资产变现快，哪些债要得比较急。

债权人的思维方式一般比较保守，他们会把事情往最坏的方向考虑。而投资人相对来说比较乐观，关心的是企业的未来，看报表的方式当然和债权人有所区别。所以，我们要对资产负债表进行重新划分。

①资本公积（capital reserves）：指投资者或者他人投入到企业、所有权归属于投资者，并且投入金额上超过法定资本部分的资本。

②盈余公积（surplus reserves）：指企业从税后利润中提取形成的、存留于企业内部，具有特定用途的收益积累。

3. 资产负债表的重新划分

作为投资人，笔者一般会把资产负债表分为4个部分，分别是：

（1）**货币资金，**就是公司账户上可以立马取出来的现金。

（2）**经营相关的资产和负债，**就是与日常经营相关的一些科目，包括：应收账款、预付账款、应付账款、预收账款、存货等。

（3）**生产相关的资产和负债，**就是保障公司正常生产的一些科目，包括：固定资产、在建工程、无形资产、商誉等。

（4）**投资相关的资产和负债，**包括：交易性金融资产、可供出售金融资产、投资性房地产等。

经过这么一分类，我们在看财务报表的时候，就能紧抓重点，有的放矢了。从下一节开始，我们就要对真实的案例进行分析了。在挑选真实案例的时候，笔者遵循的是以下标准：

（1）**知名度高：**为的是让大家在分析案例前就对研究对象有一个大致的了解。

（2）**主业清晰：**为了能更好地通过财务数据来分析研究对象的业务情况。

（3）**上市时间长：**以便获取足够多的财务数据。

（4）**具有代表性：**尽量涵盖不同的行业。

（5）**比较有特点：**既会选择好公司，也会选择一些财务造假的公司。

根据以上5个标准，笔者选择了以下几个研究对象：在消费股中，选择的是贵州茅台和格力电器；在成长股中，选择的是科大讯飞和乐视网；在金融股中，选择的是中信证券和中国平安；在周期股中，选择的是中国神华和冀东水泥。另外，笔者还会提到自己投资过的一些比较有意思的公司，像兰州黄河、珠海中富等。

此外，还有许多资讯类的网站或数据平台可以帮助我们方便快捷地查找到相应公司的财务数据。比如巨潮资讯网、东方财富网和Wind资讯网等。

本书中部分公司作为案例多次出现，特将笔者所用的上市公告财报及附注数据列举如下，供读者备查：

1.贵州茅台2014至2019年财务报表及附注资料。

2.格力电器2014至2019年财务报表及附注资料。

3.乐视网（现已退市）2015至2019年财务报表及附注资料。

二、货币资金：钱多好，还是钱少好

生活中，我们都希望自己的钱越多越好。这里所说的“钱”，用专业的财务术语来表达，应该叫作“资产”。存在银行、放在家里、放在微信钱包以及支付宝里的“钱”，才是我们可以随时调用的现金。在财务上，它也有一个专业的称谓，叫作“货币资金”。首先，我们就来学习一下，企业的第一种资产——货币资金。

1. 货币资金究竟是什么

打开任何一家公司的资产负债表，我们会发现，“货币资金”这一科目都被排在最前面。上一节说过，资产负债表中科目的先后顺序，是按照流动性来排列的。变现最快的当然就是货币资金了。

比如，打开贵州茅台2019年三季度的财报我们会看到，货币资金的“期末余额”，也就是截至2019年9月30日的余额是1127.29亿元，而期初，也就是2018年12月31日的余额是1120.75亿元。说明2019年前三季度，贵州茅台的现金增长了6.54亿元。如表1–2：

表 1–2　2019 年（前三季度）贵州茅台货币资金

单位：元

时间	2019 年 9 月 30 日	2018 年 12 月 31 日
货币资金	112,728,862,159.17	112,074,791,420.06

那么，我们所说的货币资金，具体指的是什么呢？

当我们对财务报表的某个科目有疑问时，就需要打开“四表一注”中的“附注”来了解更详细的情况。

比如，在贵州茅台财报中（以贵州茅台2018年年报为例），“合并财务报表项目注释”这个部分，如表1-3，就罗列了货币资金的详细组成，包括：库存现金、银行存款、其他货币资金等。

表 1-3 贵州茅台 2018 年现金和现金等价物构成

单位：元

项目	期末余额	期初余额
一、现金	98,243,288,299.54	74,928,080,750.58
其中：库存现金	10,553.44	45,548.70
可随时用于支付的银行存款	2,592,191,046.39	3,836,058,275.10
可随时用于支付的其他货币资金		2,198,902.24
可用于支付的存放中央银行款项	185,879,436.35	308,449,265.76
存放同业款项	95,465,207,263.36	70,781,328,758.78
拆放同业款项		
二、现金等价物		
其中：三个月内到期的债券投资		
三、期末现金及现金等价物余额	98,243,288,299.54	74,928,080,750.58
其中：母公司或集团内子公司使用受限		

而格力电器的货币资金也包括现金、银行存款、其他货币资金、存放同业款项等，并且还对其中的几个项目进行了详细解释，如表1-4，以格力电器2018年年报为例。

表 1-4　格力电器 2018 年现金和现金等价物构成

单位：元

项目	期末余额	期初余额
一、现金	28,772,120,824.34	21,359,616,223.94
其中：库存现金	1,678,449.67	3,058,609.51
可随时用于支付的银行存款	7,623,570,836.65	1,510,808,232.57
可随时用于支付的其他货币资金	647,967,329.10	17,111,717.70
可用于支付的存放中央银行款项	2,094,863.38	1,998,257.83
存放同业款项	20,496,809,345.54	19,826,639,406.33
二、现金等价物		
其中：三个月内到期的债券投资		
三、期末现金及现金等价物余额	28,772,120,824.34	21,359,616,223.94

值得注意的是，有一些货币资金并不是想取出来就能取出来的。这些资金被记录在“其他货币资金”这个项目里面，被称为“使用受限的货币资金”。主要包括：存放在央行的法定存款准备金、定期存款、银行承兑汇票的保证金、保函保证金及信用保证金等。有的公司年报中，还包括被司法冻结的存款、被质押的存款等。比如，乐视网2017年年报的第128页，就有一项说明：“截至2017年12月31日，期末银行存款中存在127,670,233.77元冻结款项，主要系本公司与供应商结算纠纷导致。”

资产负债表中的货币资金，减去使用受限的货币资金，才是现金流量表所展示的内容。或者说，**现金流量表反映的是“现金及现金等价物”的变化情况**。

什么叫“现金及现金等价物”呢？一般在年报文档中，我们可以通过“**重要会计政策及会计估计**”这个部分，找到对这个概念的解释。比如，贵州茅台的解释是：“现金及现金等价物包括库存现金、银行存款、其他货币资金、存放中央银行可随时支取的备付金、存放同业款项、拆放同业款项、同业间买入反售证券，以及企业持有的期限短（一般指从购买日起三个月内到期）、流动性强、易于转换为已知金额现金、价值变动风险很小的投资。”简而言之，**现金及现金等价物就是现金，或类似于现金的资产。**

在前文提到的表1–3及表1–4中，贵州茅台和格力电器年报中的“合并财务报表项目注释”部分，我们还可以发现，这些构成表里，几乎所有项目的前面都有一个定语叫“可随时用于支付的”，也就是意味着，这张表中排除了使用受限的资金。

2. 有多少货币资金才算合适

一个公司应该有多少货币资金才算合适呢?

在贵州茅台2017年年报的“经营情况讨论与分析”中，我们可以在“资产、负债情况分析”部分，找到货币资金占总资产的比例是65.28%；而上一年这个比例是59.20%。说明贵州茅台2017年的货币资金占总资产的比例在增加，如表1–5：

表 1–5 贵州茅台 2017 年货币资金占总资产比重

单位：元

项目	本期期末数	本期期末数占总资产的比例（%）	上期期末数	上期期末数占总资产的比例（%）	情况说明
货币资金	87,868,869,913.34	65.28	66,854,962,118.22	59.20	主要是销售商品收到的现金增加

格力电器2017年年报显示，如表1–6，2017年的货币资金占总资产的比例是46.34%，相比上年比重减少了6.16%。

表 1–6 格力电器 2017 年货币资金占总资产比重

单位：元

项目	2017 年末		2016 年末	
	金额	占总资产比例	金额	占总资产比例
货币资金	99,610,431,730.40	46.34%	95,753,662,304.52	52.50%

根据以上数据，我们可以对一个公司的货币资金情况进行纵向对比，从而了解公司的货币资金是增加了还是减少了。而要想知道一个公司的货币资金数量究竟是高还是低，我们需要把这个公司放到整个行业里进行横向对比。

表 1-7 各行业货币资金占总资产比重

行业类型	货币资金 / 总资产	行业特点
酒店、旅游、商业零售业	10% 以下	由于每天能收取大量现金，企业经营活动只要正常运转，就不会存在资金紧张问题，因此货币资金占总资产的比例较低，一般在 10% 以下
银行业	0.5%—2%	可以吸收居民储蓄存款，不需要储备过多的货币资金，货币资金占资产总额的比例较低，一般在2%以下，许多银行不足0.5%
制造业	10%—30%	需要建厂房，固定资产较多，存货较多
信息技术、软件服务行业	40%—60%	存货和应收账款较少，固定资产也较少

根据表1-7，我们发现，不同行业货币资金占总资产的比例是不一样的，货币资金并不是越多越好。如果一个公司的货币资金过多，说明这个公司没有对现金进行合理管理；如果一个公司的货币资金过少，那么可能存在一定的偿债风险。所以，每个公司财务总监的一个重要工作就是，将货币资金维持在一个相对合理的比例。一句话来概括就是，**货币资金的多少要与公司的短期债务，以及实际经营情况相匹配。**

3. 货币资金中的猫腻

根据以上分析，我们在投资实践中，要注意以下3种情况：

（1）货币资金余额远远小于短期负债

这说明公司有偿债危机。比如，暴风集团2019年前三季度的货币资金只有331万元，而短期负债高达2.1亿元。这是对暴风债务危机的反映。

（2）货币资金充裕，却依然借了很多有息负债

曾有一家新三板企业，表面上货币资金很多，却还在借债。笔者对这个公司的判断是：要么资金被大股东占用了，到年底的时候再打回来给公司做账；要么是大部分资金被冻结，使用受限制了。

（3）使用受限的资金数量太大

比如定期存款很多，或者其他货币资金数额巨大，但流动资金却十分缺乏。这些情况，和上一种情况一样，很有可能是资金被冻结、质押或者被大股东占用了。

而像贵州茅台、海天味业这些公司，由于现金流太好，短期有息负债几乎为零，账上的货币资金过大，说明公司的现金管理能力较弱。相比来说，格力电器货币资金高达996亿，却还保持着186亿的短期负债，说明格力在有意识地对资金进行管理。

三、应收账款：造假者的小辫子

从这一节开始，我们将了解到资产负债表中最有意思的一个模块——应收账款。**它是与经营相关的资产，涉及的会计科目有：应收票据、应收账款、其他应收款、应收利息、应收股利、预付账款等**。这些科目，都是用来记录公司在日常经营活动中产生的交易情况。

我们知道，公司每卖出一件商品，要么收到现金，记入货币资金；要么收到别人的欠条，记为应收票据、应收账款等。实际上，凡是别人欠你的，在会计上都可以记作“应收”科目。比如：别人借了你的钱没还，可以记在“其他应收款”里面；如果该给的利息没给你，那就记在“应收利息”里；如果是该收的分红还没收到，那就记作“应收股利”等。

之所以说经营相关的资产比较有意思，是因为**通过这些数据，我们不仅可以判断一个公司在行业中的地位，还可以找到公司财务造假的蛛丝马迹**。

我们先来看应收账款这个概念。

1. 权责发生制与应收账款

我们常说“一手交钱，一手交货”，但在真实的商业环境中，情况并非如此。大部分时候，都是买家先拿货，过一段时间，也就是我们常说的账期之后再付款，这样就产生了“应收账款”。

目前的会计准则[①]都是“权责发生制”（见图1–1）。只要把货卖出去，就算钱没有收到，在资产负债表上记作“应收账款”，在利润表上，基本上就可以确认为“营业收入”了。

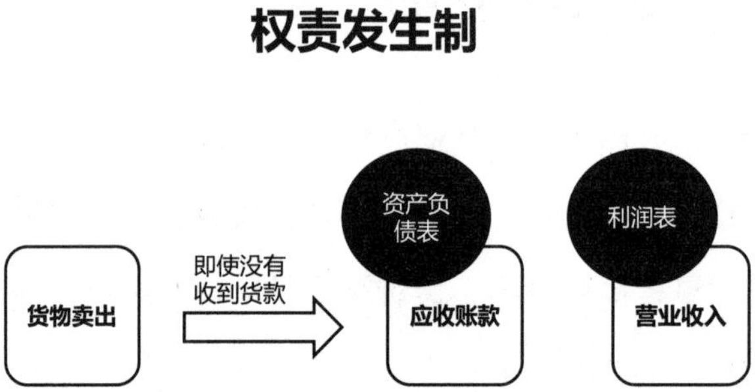

图1–1　权责发生制是什么

这种会计制度的好处是，能够比较客观地反映企业的真实经营情况。但是，任何会计制度都有自己的漏洞。很多人会利用权责发生制，采取赊销的方式，虚增收入，做高利润，这样会使得公司的利润表非常好看。如果报表上积累了大量的应收账款，就很有可能是“造假者的小辫子”。

历史上，很多公司都在应收账款这个科目上栽了跟头，比较有名的案例是曾经的超级大牛股四川长虹。长虹的应收账款在最高时达到45亿元，后来长虹一口气计提了37亿元的坏账。[②]相当于把之前多年的利润一次性赔了个精光。随之而来的就是股价的一蹶不振，很长一段时间内都没有缓过来。

①会计准则是会计人员从事会计工作必须遵循的基本原则，是会计核算工作的规范。它就经济业务的具体会计处理作出规定，以指导和规范企业的会计核算，保证会计信息的质量。一般包括会计工作质量准则和会计信息质量准则。

②四川长虹2004年12月28日、2005年3月9日分别发布公告披露计提事项。按照这两项计提减值，2004年度四川长虹预计亏损37亿元左右。

2. 应收账款的常见陷阱

那么，我们要怎样识别应收账款中的陷阱呢？我们一般要从“数量”和“质量”两个维度来识别。

我们首先来说说数量。

如果一家企业的应收账款出现异常的大幅增长，我们就要留个心眼了。什么样的增长是异常增长呢？**一般来说，如果应收账款的增速超过了同期收入的增长，往往就是有问题的**——要么是公司为了推广产品，放宽了信用政策，加大了赊销力度；要么就是公司提前确认了收入，甚至虚构了收入。这几年，很多公司的财务造假问题暴露时都出现了应收账款异常增长的表现。

比如乐视网。在其2016年的年报中，我们可以发现乐视网的应收账款余额相比于2015年增长了158.53%，如表1-8：

表1-8　乐视网2015年度和2016年度应收账款比例变化

项目	2016年末		2015年末	
	金额（万元）	占总资产比例	金额（万元）	占总资产比例
应收账款	868,585.64	11.38%	335,968.31	19.78%

对此，乐视网给出的解释是：主要是销售收入增加，导致应收账款的相应增加。但实际上，乐视网2016年的营业收入只不过增长了68.64%而已，如表1-9，净利润甚至是下滑的。这就属于上文所说的，应收账款增速远大于营业收入增速的情况。

表 1-9 乐视网 2015 年度和 2016 年度营收和利润增长比例

单位：元

项目	2016 年	2015 年	本年比上年增减
营业收入	21,950,951,410.47	13,016,725,124.12	68.64%
归属于上市公司股东的净利润	554,759,227.43	573,027,173.33	-3.19%

我们再从**质量**的角度来分析一下应收账款。

一般来说，既然是应收账款，就意味着，会有一定比例的欠款是收不到的。对于这种情况，很多企业也都做好了心理准备。所以，企业一般会按照账龄分析法来计提坏账准备。比如，乐视网在自己的财报中所提供的对应收账款的计提比例规则，如表1-10所示：

表 1-10 乐视网应收账款计提比例

账龄	应收账款计提比例	其他应收款计提比例
1 年以内（含 1 年）	3%	3%
1—2 年（含 2 年）	10%	10%
2—3 年（含 3 年）	25%	25%
3—5 年（含 5 年）	50%	50%
5 年以上	100%	100%

这些计提比例规则是什么意思呢?

它们的意思是，1年以内（含1年）的100万应收账款，公司会把它当作97万元的资产；如果是欠了2—3年的应收账款，100万只能当作75万来算；如果一笔账款已经拖欠了5年都没收回来，那么就意味着大概率收不回来了，在资产负债表中的价值为0。

那么，乐视网的实际坏账率是不是这样的呢？

笔者把乐视网从2013年到2016年的应收账款的回款情况进行了计算，如表1-11所示：

表 1-11 乐视网实际的坏账率

乐视应收账款					
账龄	**2016 年**	**2015 年**	**2014 年**	**2013 年**	**坏账计提比例**
1 年以内	76.75 亿	28.35 亿	17.19 亿	8.94 亿	3%
1—2 年	10.39 亿	5.01 亿	2.07 亿	0.87 亿	10%
2—3 年	3.16 亿	1.87 亿	0.48 亿	0.05 亿	25%
2013—2014 年 1 年内应收账款转化率					23%
2014—2015 年 1 年内应收账款转化率					29%
2015—2016 年 1 年内应收账款转化率					37%
2013—2015 年 2 年内应收账款转化率					21%
2014—2016 年 2 年内应收账款转化率					18%
2013—2014 年 1—2 年内应收账款转化率					55%
2014—2015 年 1—2 年内应收账款转化率					90%
2015—2016 年 1—2 年内应收账款转化率					63%

结合这张表格和乐视网年报的数据，我们来了解一下**如何计算应收账款的回收率**。

乐视网2013年“1年以内”的应收账款有8.94亿。如果这些应收账款没有在2014年内收回来，那么就会在2014年的年报中记录在“1—2年”这个项目下。其在2014年年报中实际对应的数字是2.07亿。这说明2013年“1年以内”应收账款未回收的比例是23%，到了2016年，“1—2年”的未回收率已经达到了惊人的63%。

通过以上分析，我们就可以非常明确地判断：乐视网的应收账款的质量极差，实际坏账率要远远超过其计提的比例，该公司存在极大的经营风险。

果不其然，从2017年开始，乐视网开始计提大量的坏账，如表1-12：

表 1-12　乐视网 2018 年坏账发生额

单位：元

项目	本期发生额	上期发生额
一、坏账损失	2,307,374,938.51	6,093,782,472.83
二、存货跌价损失	127,276,436.08	194,696,473.24
三、长期股权投资减值损失	–	–
四、无形资产减值损失	2,538,530,320.08	3,279,940,099.37
五、贷款损失准备	−185,934,677.88	317,695,794.39
六、可供出转金融资产减值准备	217,394,761.53	850,893,511.63
七、应收利息坏账准备	17,500,169.83	
八、固定资产减值准备	13,251,899.88	144,526,740.08
合计	5,035,393,848.03	10,881,535,091.54

但是，这么明显的信号，竟然被很多大的投资机构忽略了。只能说，在中国，机构散户化，即投资机构没有深入分析财务的现象是非常严重的。那些被套的机构，并不值得同情。

除了乐视网，很多财务造假的公司，都能在应收账款上找到蛛丝马迹。

3. 通过应收账款发现好公司

从应收账款这个科目上，我们能看出很多财务舞弊现象。其实，通过应收账款与应付账款的比较，我们还能发现一些竞争力比较强的企业。

比如，像贵州茅台、海天味业这样的消费类企业，因为自己的产品有非常强的竞争力，所以往往会采取“先收款，再发货”的经营模式，根本就不会给经销商拖欠货款的机会。所以，这两家公司每年的应收账款都为0。

如果**一个公司常年以来，应收账款远远小于应付账款，那就说明这家公司大概率会是一个好公司。**

四、应收票据：企业经营中的常见欠条

上一节我们了解到，应收账款相当于企业在经营中，由于买家收了货，却没付钱所产生的一种白条。实际上，除了打白条，议价能力较高的公司一般会要求买家支付承兑汇票。因为，从兑付的安全性角度来看，承兑汇票要比普通的白条靠谱很多，而承兑汇票属于应收票据的一种。本节笔者就来讲讲资产负债表中的应收票据。

1. 承兑汇票

所谓的应收票据，是指由付款人或收款人签发，由付款人承兑、到期无条件付款的一种书面凭证。

听起来很拗口，我们可以通过简单的例子来理解，比如你把货卖给客户，客户既不给你现金，也不完全只是打个没有时间限制的白条，而是会给你一张一定额度的承兑汇票。你收了票据后，可以在未来的某一天，去找付款人给你钱。

承兑汇票分为两种，一种是银行承兑汇票，一种是商业承兑汇票。

所谓银行承兑汇票，顾名思义就是银行承诺兑付的汇票。一旦票据到期，你就可以拿着票据去银行取款。如果你的票据面额是1万元，那么意味着你在时间到期后，可以到银行取出1万元。不过，在到期之前你是无法按照面额到银行取款的。如果你急用钱怎么办呢？其实你依然可以拿着票据找银行取款，但因时间未到期限，银行支付给你的数额就要按照票据面额打个折了，这种行为叫作**贴现**，而这一折扣率就被称为**贴现率**。

而商业承兑汇票则是由企业自己开出来的，可信度就没有银行承兑汇票那么高了。

虽然贵州茅台没有应收账款，但是有时候为了照顾老经销商短期的资金周转，也会产生少量的应收票据。这些应收票据究竟是由什么组成的？我们可以在财报中的“合并财务报表项目注释”部分找到相关解释，在此我们不再一一赘述。

表 1–13 贵州茅台 2018 年财报中的应收票据

单位：元

项目	期末余额	期初余额
银行承兑票据	563,739,710.00	1,221,706,039.00
合计	563,739,710.00	1,221,706,039.00

由表1–13可见，贵州茅台2018年的应收票据中全部都是银行承兑汇票，风险较小。

另外一家企业海天味业比贵州茅台更强势。经营十几年来，不仅没有任何应收账款，也没有任何的应收票据。

相比而言，由于格力电器所处的行业是一个寡头竞争①的行业，所以不仅有应收账款，还有一部分应收票据。而应收票据的组成中，大部分是银行承兑汇票，但也有少量的商业承兑汇票，如表1–14所示：

①寡头竞争是竞争和垄断的混合物，是一种不完全竞争。在一个行业中如果只有少数几家大公司，它们所生产和销售的某种产品占这种产品的总产量和市场销售总量的绝大部分比重，它们之间的竞争就是寡头竞争。

表 1-14 格力电器 2018 年应收票据

单位：元

项目	期末余额	期初余额
银行承兑汇票	32,202,398,700.08	29,878,639,384.77
商业承兑汇票	54,014,838.06	84,716,093.68
合计	32,256,413,538.14	29,963,355,478.45

我们要注意的是，如果一个公司历年的应收票据主要是银行承兑汇票，而某一年突然增加了很多商业承兑汇票，那么很有可能是公司放松了销售政策，甚至有可能遭遇了严重的财务危机，反之亦然。

最极端的例子就是乐视网。相关财报显示，它的应收票据从2015年年末的9.09亿元，剧烈减少到2016年年底的588万元，而应收账款却从2015年年末的33.6亿元，猛烈增加到2016年年底的86.9亿元。这充分说明，乐视网在采取非常激进的销售政策，财务遭遇了严重的危机。这是一个非常明显的信号。

2. 其他应收款

说完应收票据，我们再来看与经营相关的另外一个科目——其他应收款。

其他应收款是指企业除应收票据、应收账款、预付账款、应收股利和应收利息以外的其他各种应收及暂付款项。这意味着任何与主营业务无关的应收款项，都可以放进“其他应收款”这一科目里。所以，你可以把其他应收款理解为一个兜底项目。比如，公司借给大股东一笔款，就可以记到这个科目里。正因如此，其他应收款也是一个非常容易做手脚的地方。

一个好公司的其他应收款和其他应付款都非常少，而一些败絮其中的公司往往会有很多其他应收款。

我们还是以贵州茅台和乐视网为例。贵州茅台这么大的企业，每年的其他应收款不到1亿；而乐视网每年的其他应收款竟然高达数十亿。乐视网的其他应收款究竟隐藏了多少“小秘密”？

在“合并财务报表项目注释”部分，我们可以看到，乐视网2017年12.2亿的其他应收款，基本是由“单项金额重大并单独计提坏账准备的其他应收款”组成的（见表1–15）。这说明，乐视网的其他应收款里基本上是已经无法收回的烂账、坏账。

表 1–15 乐视网 2017 年其他应收款分类

单位：元

类别	期末余额				
	账面余额		坏账准备		账面价值
	金额	占比	金额	计提比例	
单项金额重大并单独计提坏账准备的其他应收款	1,301,744,130.34	77.49%	410,648,897.75	31.55%	891,095,232.59
按信用风险特征组合计提坏账准备的其他应收款	341,852,178.73	20.35%	13,826,910.56	4.04%	328,025,268.17
单项金额不重大但单独计提坏账准备的其他应收款	36,281,238.76	2.16%	35,012,985.96	96.50%	1,268,252.80

那么，贵州茅台年报里的其他应收款是什么呢？

表 1–16 贵州茅台 2018 年其他应收款分类

单位：元

类别	期末余额				
	账面余额		坏账准备		账面价值
	金额	比例	金额	计提比例	
按信用风险特征组合计提坏账准备的其他应收款	57,949,644.89	100.00%	7,949,096.24	13.72%	50,000,548.65
其中： 关联方及备用金组合	37,454,484.81	64.63%			37,454,484.81
账龄分析法	20,495,160.08	35.37%	7,949,096.24	38.79%	12,546,063.84
单项金额不重大但单独计提坏账准备的其他应收款					
合计	57,949,644.89	/	7,949,096.24	/	50,000,548.65

根据表1–16，我们可以知道，贵州茅台的其他应收款全部由“按信用风险特征组合计提坏账准备的其他应收款”组成。也就是说，茅台的其他应收款，只是按照会计上的审慎要求而列出的一些坏账准备。

打开海天味业、格力电器等公司的财务报表，这两家公司的其他应收款基本上都和贵州茅台一样，也都是“按信用风险特征组合计提坏账准备的其他应收款”占绝大多数。

所以，单从其他应收款这个科目也能看出，乐视网财务上有重大的舞弊嫌疑。

3. 预付账款

预付账款，是预付给供货单位的购货款，或者预付在建工程的价款。而对于收钱的公司来说，这笔款项会被记入负债端的“预收账款”。

如果一个公司的报表上长期聚集了大量的“预付账款”，说明这家公司在整个商业生态链上的地位很低，或者信用不好。还有一种更坏的可能是，有些公司会利用“预付账款”进行财务舞弊。

如果一家公司突然出现了大量的“预付账款”，尤其是预付工程款或预付了一些专利技术，很有可能是这家公司通过“预付账款”把资金流出，然后再通过某种方式流回到上市公司，实现虚增收入的目标。如果一家公司的财报上，常年存在大量的“预付账款”，我们也要提防资金实际上已经被大股东挪用的可能。

4. 应收股利、应收利息、长期应收款

最后，我们再了解下其他的应收项目，主要是**应收利息、应收股利和长期应收款。**

应收利息是指公司持有各类债券期间应该收到而还没收到的利息。应收股利是指公司持有股权期间应该收到而还没收到的其他公司分配的股利。与这两个科目相对应的是“应付利息”和“应付股利”。

长期应收款，是指企业融资租赁产生的应收款项和采用递延方式分期收款。一般在具有融资性质的经营活动中才会产生，不是很常见。

五、存货：公司的秘密花园

这一节，我们就来讲讲，如何通过深入研究一家公司的存货来防止踩雷。

1. 行业不同，对存货的分类不同

存货，是指企业在日常生产活动中产生的用来出售的产成品或商品、处在生产过程中的在产品、在生产过程或提供劳务过程中耗用的材料或物料等。不同企业，对存货的定义和分类的侧重点会略有不同。比如，2018年贵州茅台的年报中，非常明确地将存货分类为原材料、自制半成品、在产品、库存商品这4种。此外，还按照存货分类详细列出了具体的数额，如表1–17：

表 1–17　贵州茅台 2018 年存货分类

单位：元

项目	期末余额		
	账面余额	跌价准备	账面价值
原材料	2,208,613,401.21		2,208,613,401.21
在产品	10,154,100,143.47	1,283,984.83	10,152,816,158.64
库存商品	1,537,946,635.55		1,537,946,635.55
自制半成品	9,607,574,646.82		9,607,574,646.82
合计	23,508,234,827.05	1,283,984.83	23,506,950,842.22

而格力电器2018年年报中，只将公司的存货分为原材料、在产品、产成品这三大类，如表1-18：

表 1-18 格力电器 2018 年存货分类

单位：元

项目	期末余额		
	账面余额	跌价准备	账面价值
原材料	8,790,176,373.99	251,248,578.65	8,538,927,795.34
在产品	1,833,419,414.90		1,833,419,414.90
产成品	9,668,991,016.29	29,819,996.00	9,639,171,020.29

东方园林，是一家工程类的公司，它对存货的定义又和贵州茅台、格力电器有所不同。

东方园林在2018年财报中，将存货分为原材料、在产品、库存商品、消耗性生物资产、已完工未结算资产等，如表1-19：

表 1-19 东方园林 2018 年存货分类

单位：元

项目	期末余额		
	账面余额	跌价准备	账面价值
原材料	202,985,878.11		202,985,878.11
在产品	76,409,009.05		76,409,009.05
库存商品	47,002,540.88		47,002,540.88
消耗性生物资产	139,555,726.75		139,555,726.75

续表

项目	期末余额		
	账面余额	跌价准备	账面价值
建造合同形成的已完工未结算资产	14,567,972,441.13	46,572,121.61	14,521,400,319.52
发出商品	8,562,011.09	1,516,600.81	7,045,410.28
合计	15,042,487,607.01	48,088,722.42	14,994,398,884.59

所以，在研究一个公司的存货之前，一定要了解这个公司的存货究竟是什么，不同行业对存货的定义和分类往往会有很大的差别。

2. 存货：公司的秘密花园

我们都知道，只要产生交易，就很容易通过价格和数量，计算出这批商品究竟卖了多少钱。但是，如果存货还没有卖出去，且其中还包括原材料、在产品、产成品等不同状态的产品，这时的计价就相对比较麻烦了。

在实际中，存货的账面价值一般包含**原材料、工人工资、制造费用**这3项。企业会通过一系列的算法，比如先进先出法、加权平均法等，把存货的成本计算出来。

但是，这只是企业自己计算的成本，实际上究竟能卖出多少钱，是由市场决定的。**市场价和企业的成本价很多时候都不一致**。比如，早几年你囤了一批诺基亚手机，每台成本1000元，但是到了今天，可能一分钱都不值了，这时，存货的实际价值就为0。

不仅产品的价值会发生变化，产品的数量也有可能变化。

基于以上的两种情况，财务上有一个针对存货的计价原则，那就是：**按照**

成本和可变现净值孰低法来计算存货价值。所以，企业不仅要每年对存货计提跌价准备，如果存货真的发生了损失，还要严格进行减值处理。

有的行业，基本上不需要对存货计提跌价准备，比如茅台这样的高端白酒，存货越久价值越大。而有的行业，存货的风险就非常高了，比如农林牧渔行业和软件行业。农副产品过期、动物瘟疫暴发、软件产品迭代，都可能导致这些企业的存货价值一夜归零。这些年来，在存货上出问题的企业也大都来自这两大行业。

从另外一方面来说，存货也往往成为这些企业进行财务舞弊的秘密花园。常见的舞弊手段主要有以下两种：

一是，通过存货来调节利润。通过存货调节利润有两条路径，“价”和“量”。

当存货难以盘点时，虚构存货的“量”就比较容易了。比如有些海洋养殖业公司的生物资产全在海里自由活动，非常难以盘点，只要公司需要，这些生物就可以说跑就跑，说回来就回来。在上市公司需要降低利润的时候，就可以给这些生物安排集体“大逃亡”，从而计提大额的存货跌价准备或者进行核销处理，使业绩由盈利转为巨额亏损。在上市公司需要利润时，这些在外面玩够的生物就又可以跑回来为上市公司的资产总额贡献一份力量了。

当存货难以计价的时候，存货的“价”也就成了财务操作的手段。比如林木种植企业的苗木，因品种、树龄等因素价格会有所区别，往往也就缺乏成熟的市场参考价，因此根据企业自身需求在一定程度上夸大或者低估其价值就比较容易。

二是，通过存货调节毛利率。通过存货，还可以用来调节企业的毛利率。在后文中，笔者会介绍毛利率的概念。现在，你只要知道，毛利率越高，往往意味着企业的竞争力越强就可以了。

通过存货提高毛利率的原理很简单——

我们知道，一家公司的成本包括两个方面：一个是固定成本，即不论生产多少产品，都要付出的成本，比如房租、设备等；另外一个是可变成本，也就是随着产量增加而增加的成本，比如材料成本、效益成本等。

制造业企业之所以追求“规模效应”，是因为随着规模增加、产量增大，就可以将固定成本分摊到更多的产品中去。比如，假设公司每年的成本是100万，每年生产1万件产品，那么每件产品分摊的固定成本就是100块；如果每年生产2万件产品，每件产品分摊的固定成本就是50块。生产每件产品的可变成本往往是不变的。这样一来，每件商品总的生产成本就会大大降低。那么毛利率就会有很大的提升。

例如，一个汽车厂商，有年产30万台的整车产能，而在目前的价格体系下预计市场销量仅仅有20万台，理性的做法就是以销定产，采购20万台的原材料。然而，如果30万台的生产线只生产20万的量，闲置的机器设备折旧也是要计入成本的，单台汽车成本必然比生产30万台要高。

因此，产量越大，固定成本就越小，利润表也就越好看。但是，这样会在资产负债表上积累大量的存货。如果大量的存货并不是为了满足市场的实际需求，那么，未来几年就要痛苦地去库存了。

用这种方法提升毛利率的企业，往往会有比较大的固定资产。

所以，**当我们看到一个公司的毛利率出现大幅上升时，不仅要看该公司是否推出了更好的产品，还要看库存是否也有明显的提升。**

六、固定资产：财务舞弊者绕不开的科目

在本节中，我们将开始介绍“生产相关的资产”。前文曾经提到过，在资产负债表中，资产可以大致分为“经营相关的资产”和“生产相关的资产”两大类，前者包括货币资金、应收账款、应收票据、存货等科目，而后者具体包括哪些内容呢？

1. 生产相关的资产有哪些

生产相关的资产包括固定资产、在建工程、无形资产、商誉、长期待摊费用，以及递延所得税资产等科目。这些资产，主要是由现金流量表中的投资活动现金流部分中，“购建固定资产、无形资产和其他长期资产支付的现金”常年累计而成的。

其中，**固定资产**和**在建工程**是本节的两个重点。

固定资产是指公司为经营而持有的，使用寿命超过一年的，价值比较大的非货币性资产，包括房屋、建筑物、机器、机械、运输工具，以及其他与生产经营活动有关的设备、器具、工具等。

在建工程是指企业资产的新建、改建、扩建，或技术改造、设备更新和大修理工程等尚未完工的工程支出。通常有“自营”和“出包”两种方式。

对于财务舞弊者，只要虚增了收入和利润，就必须通过虚增资产来消化。

这就好比你谎称自己有100万的年收入，别人要你拿出证明来，你怎么办？

这时候我们可以借别人的豪宅或豪车用一下，以证明自己配得上百万年

薪；虚增出来的资产，就是为了匹配虚增收入的“豪宅或豪车”。

如果你借了别人的豪宅或豪车，证明你的收入是真实的，那么这里的豪宅或豪车，就是你为了消化虚增的收入，而必须虚增出来的资产。

虚增资产很多时候表现为应收账款，所谓应收账款，就是说，虽然东西卖出去了，但是钱还没有收到，这种手法的好处在于，无须伪造资金进出痕迹，隐蔽性较高。

但应收账款，会越拖越大，始终是个隐患，为了不被看出问题，**上市公司通常会伪造销售回款，并想办法通过固定资产等长期资产进行消化。**

固定资产消化虚增利润的方式包括计提折旧以及资产减值损失。

我们可以通过解释固定资产计提折旧的原因来展现出其消化利润的方式。与原材料费用、人工成本等支出项目类似，固定资产实际上也是企业花钱买来的，亦属于支出范畴。但是往往这种支出金额很大，而且受益期很长，如果将此支出一次性计入某个月，会导致当月明显亏损，而实际上当月从该固定资产得到的回报不会有这么多；同时，其他受益的月份，又不能体现出应有的支出。因此，根据会计“权责发生制”的思想，固定资产入账后，需在受益期内消耗其支出，按月列支。因此，如果将固定资产作为虚增利润的会计对应科目，就可以在未来的一定时期内较为合理地消化掉。

此外，固定资产作为资产，其最重要的特征就是预期会给企业带来经济利益。由于固定资产在使用过程中会有所损耗，甚至出现报废的情况，可能会导致固定资产的经济绩效已经低于或者将低于预期，如固定资产发生的营业损失远远高于原来的预计金额，可以以此作为固定资产减值测试以及进一步计提减值损失的理由，从而将虚增的利润逐渐消化掉。固定资产减值是一种很常见的现象，很适合被用来消化虚增的利润。

2. 如何利用固定资产和在建工程虚增利润

固定资产每年都要计提折旧，折旧的方法包括平均年限法、双倍余额递减法等。接下来我们一一了解。

平均年限法：

例：甲企业有一厂房，原值为300000元，预计可使用10年，预计报废时的净残值为5000元，厂房采用平均年限法计提折旧，要求计算该厂房的年折旧额。

年折旧额：（300000–5000）÷10=29500（元）。

双倍余额递减法：

例：乙企业新购入一台原值为60000元的设备，预计使用年限为4年，净残值为2000元。按双倍余额递减法计算折旧，要求计算每年的折旧额。

第一年折旧额：60000×2÷4=30000（元）

第二年折旧额：（60000–30000）×2÷4=15000（元）

第三年、第四年折旧额：（60000–30000–15000–2000）÷2=6500（元）

折旧作为当期费用，会减少当期的利润。不同的折旧政策，会对固定资产产生较大的影响，进而影响财报上的利润。

会计准则要求企业应当根据与固定资产有关的经济利益的预期消耗方式，合理选择折旧方法。因此，即便是相同行业的企业，管理层不同，其折旧方式也可能会有所不同，因此即使是同一年度购入的相同型号的设备对不同企业利润的影响也会有明显的差距。

比如处于同一行业的A公司和B公司，于同一年度12月均购入30000元的X设备，预计使用年限为4年，净残值为2000元。A公司采用双倍余额递减法，B公司采用平均年限法 。因此下一年度A公司计提X设备折旧15000元，B公司计提X

设备折旧7000元，可以看出一台设备就会产生8000元成本的差异。如果A、B公司规模较大，那对利润的影响就会更加显著。除了折旧，固定资产每年还要进行减值测试。如果资产市价出现持续下跌，或者因技术陈旧、损坏、长期闲置等情况，导致资产可变现净值低于账面价值，那么，就要按照差额计提减值准备。而且一旦计提减值后，就不能再转回来。

而**在建工程不需要计提折旧，在工程完成后，就要结转为固定资产**。所以，可以把“在建工程”理解为“准固定资产”。

如果在建工程迟迟不结转为固定资产，很有可能是公司为了美化利润，避免折旧的一种行为。更糟糕的情况是，公司通过在建工程制造虚假采购，将公司资金流出，再通过采购公司产品的方式流回来虚增收入，或者冲减挂账的应收账款。

总的来说，企业调整折旧的具体措施一般有两种思路：

一是调整折旧计算方式。在折旧计算方式一定的情况下，以平均年限法的计算公式为例，年折旧率=（1-预计净残值率）/预计使用寿命×100%，调整折旧金额的措施就可以有调整折旧年限、调整残值率；在折旧计算方式可变的情况下，就可以通过诸如将平均年限法改为双倍余额递减法的方式来改变折旧金额。

二是调整资产账面价值。该方式就是前文提到的由于在建工程不需要计提折旧，因此通过不将在建工程及时转为固定资产，就可以减少折旧，虚增利润。

七、无形资产：乐视网的无形资产之谜

我们知道传统的制造企业，固定资产占总资产的比例很高，因此就很容易成为不法企业消化虚增利润的工具。但对于那些互联网科技企业，我们就不必有这样的担忧，因为这类企业的固定资产一般都很少，无非是一些办公楼、办公器材之类的东西，其更多的资产是看不见的“无形资产”。本节中，笔者就讲讲乐视网是如何在无形资产上动手脚的。

1. 虚增了30亿的无形资产

无形资产是指企业拥有或者控制的，没有实物形态的可辨认非货币性资产，一般包括专利权、商标权、著作权、土地使用权、特许权和非专利技术等。

在实际情况中，每个公司会根据自身业务特点对无形资产进行分类。比如，乐视网在年报中提到，公司的无形资产主要是指：影视版权、系统软件和非专利技术等。乐视网2015年度的无形资产组成，如表1-20：

表 1-20　乐视网 2015 年无形资产构成

单位：元

项目	非专利技术	系统软件	影视版权	合计
一、账面原值				
1. 期初余额	291,134,360.78	273,928,092.56	4,364,942,827.23	4,930,005,280.57
2. 本期增加金额	487,386,999.74	227,295,154.84	2,390,366,938.41	3,105,049,092.99
（1）购置	10,030,163.48	8,921,698.17	2,390,366,938.41	2,409,318,800.06
（2）内部研发	477,356,836.26	218,373,456.67		695,730,292.93
（3）企业合并增加				
3. 本期减少金额	127,314.50	16,212,030.70	655,644,923.78	671,984,268.98
（1）处置			76,210,203.73	76,210,203.73
（2）到期	127,314.50	16,212,030.70	579,434,720.05	595,774,065.25
4. 期末余额	778,394,046.02	485,011,216.70	6,099,664,841.86	7,363,070,104.58
二、累计摊销				
1. 期初余额	88,531,156.55	44,701,231.20	1,453,066,963.80	1,586,299,351.55
2. 本期增加金额	47,276,870.76	45,082,885.72	1,433,763,989.63	1,526,123,746.11
（1）计提	47,276,870.76	45,082,885.72	1,433,763,989.63	1,526,123,746.11
三、减值准备				
1. 期初余额	4,609,325.83		554,697.13	5,164,022.96
2. 本期增加金额				0.00
（1）计提				0.00
3. 本期减少金额				0.00

续表

项目	非专利技术	系统软件	影视版权	合计
（1）处置				
4. 期末余额	4,609,325.83		554,697.13	5,164,022.96
四、账面价值				
1. 期末账面价值	638,104,007.38	411,439,130.48	3,830,289,308.12	4,879,832,445.98
2. 期初账面价值	197,993,878.40	229,226,861.36	2,911,321,166.30	3,338,541,906.06

通过这个表格，我们可以知道，截至2015年年底，乐视网的无形资产高达48.80亿元，其中影视版权就有38.30亿元。而与乐视网一样的视频网站，优酷土豆（优酷网和土豆网两大视频网站在2012年合并）2015年的无形资产是15.37亿元（见优酷土豆2015年年度财报）。这意味着，乐视网的无形资产比优酷土豆多了30多亿元，影视版权比优酷土豆至少多出20亿元。

这是不是因为优酷土豆的业务规模比乐视网小？并不是。通过比较乐视网和优酷土豆2013年至2015年的财报，我们可以发现，优酷土豆的内容投入都比乐视网大，而且，优酷土豆和爱奇艺的用户比乐视网多，观看人次比乐视网多出至少1倍。

乐视网对内容的投入没有优酷土豆多，但是无形资产却比优酷土豆多了30多亿元，它是怎么做到的呢？

秘密就藏在无形资产的摊销方法上。

在前文中我们说过，固定资产每年都要折旧。同样的，无形资产也要进行折旧，只不过叫法略有不同，叫作“摊销”。比如，一个价值100万的影视版权，使用期限是5年，每年摊销额20万，这种按照使用年限平均摊销的方法，叫作**直线摊销法**；如果第一年摊销50万，第二年摊销25万，第三年摊销12.5万，这种按照等比例减少的原则进行摊销的方法，就叫作**加速摊销法**。

那么，对于影视版权，究竟应该采用什么样的摊销方法呢？影视版权是有时效性的，比如2017年大受欢迎的《人民的名义》，到了2018年就没有那么火了。所以，对于影视版权，最好的摊销方法应该是加速摊销法，也就是第一年多摊销，后面几年少摊销。优酷土豆就是按照加速摊销法进行摊销的，第一年摊销比例超过了50%。而乐视网采用的是直线摊销法。

乐视网为什么要采用直线摊销法呢？因为，这种方法可以在前几年少摊销，业绩就会比较好看。但是，这毕竟是权宜之计，丑媳妇最终还是要见公婆的，越到后面，无形资产的摊销压力就会越大。

2．研发资本化率将近60%，全世界都没有

无形资产的产生有两种方法，一种是公司通过“购置”，也就是对外采购而产生的无形资产；另外一种是“内部研发”。乐视网在这个渠道上也动了歪脑筋。

所谓研发，包括研究和开发两个阶段。根据会计准则，在研究阶段的支出，要记为利润表中的管理费用，影响公司的当期利润；而开发阶段的支出，在满足一定条件的时候才可以记为无形资产，如下：

划分研究阶段和开发阶段的具体标准

公司内部研究开发项目的支出分为研究阶段支出和开发阶段支出。

研究阶段：为获取并理解新的科学或技术知识等而进行的独创性的有计划调查、研究活动的阶段。

开发阶段：在进行商业性生产或使用前，将研究成果或其他知识应用于某项计划或设计，以生产出新的或具有实质性改进的材料、装置、产品等活动的阶段。

开发阶段支出资本化的具体条件

研究阶段的支出，于发生时计入当期损益；开发阶段的支出，同时满足下列条件的，确认为无形资产：

（1）完成该无形资产以使其能够使用或出售在技术上具有可行性；

（2）具有完成该无形资产并使用或出售的意图；

（3）运用该无形资产生产的产品存在市场或无形资产自身存在市场；

（4）有足够的技术、财务资源和其他资源支持，以完成该无形资产的开发，并有能力使用或出售该无形资产；

（5）归属于该无形资产开发阶段的支出能够可靠地计量。

不满足上述条件的开发阶段的支出，于发生时计入当期损益。前期已计入损益的开发支出在以后期间不再确认为资产。已资本化的开发阶段的支出在资产负债表上列示为开发支出，自该项目达到预定可使用状态之日起转为无形资产列报。

内部研究开发支出相关会计政策

为什么会有这样的规定呢？这是因为在研究阶段，企业还不能确定这个研究会不会形成最终的产品。比如，某人打算投资一部电影，在启动拍摄之前，那人让团队进行调研、收集资料、选择题材。此时，他连要拍动作片还是恐怖片都不知道呢。因此，只能把这段时间定义为研究阶段，所有的费用都只能算作“管理费用”。

后来，那人确定了要拍动作片，购买了相关的版权，并且开始让编剧写剧本，找导演组建拍摄团队，这时候就进入开发阶段了。在这期间，他就可以把相关费用计入到“无形资产”中，这个行为叫作资本化。对研发费用进行资本化的好处是当期产生的费用可以不影响当期的利润，而是可以凝结到无形资产中，在未来几年中，慢慢进行摊销，影响未来几年的利润。

可能有人会问，最终不还是要记到费用中去吗？的确是这样。不过，对于一些企业来说，“今朝有酒今朝醉，明日愁来明日愁”，它们的处理方式是能拖则拖。

例如，在美国制药行业，研发一种新药平均需要14.9年的周期，平均耗费8亿美元。这当中大部分时间和金钱，都消耗在一个接一个以失败告终的研究上。所以，出于谨慎性要求，很多科技型企业，一般都会把研发费用记为“管理费用”，影响当期费用。以华为为例，2015年，华为专利申请数量虽然是全球企业第一，但它那596亿的研发投入全部记入管理费用，研发资本化比例为零。2010年至2015年，华为的研发投入有2000亿左右，无形资产只有27.25亿。

乐视网的研发资本化率是多少呢？据乐视网2015年年报显示，2013年至2015年，每年的资本化率都高达50%以上。如表1–21：

表 1-21 乐视网 2013—2015 年财报中资本化研发支出相关数据

项目	2015 年	2014 年	2013 年
研发人员数量（人）	1519	1023	406
研发人员数量占比	31.10%	29.20%	21.00%
研发投入金额（元）	1,224,120,437.18	805,571,804.76	373,971,798.29
研发投入占营业收入比例	9.40%	11.81%	15.84%
研发支出资本化的金额(元）	731,874,814.33	482,539,370.55	202,575,271.20
资本化研发支出占研发投入的比例	59.79%	59.90%	54.17%
资本化研发支出占当期净利的比例	337.09%	374.65%	87.17%

这是不是因为乐视网所在的行业比较特殊，研发资本化率都很高呢？我们拿只做软件的用友网络以及只做硬件的海信电器来与乐视网对比一下。如表1-22：

表 1-22 不同企业资本化比例对比

企业	项目	2015 年	2014 年	2013 年
乐视网	研发投入（亿元）	12.24	8.05	3.73
	研发资本化(亿元）	7.31	4.82	2.02
	资本化比例	59.79%	59.90%	54.17%
用友	研发投入（亿元）	8.89	6.97	7.94
	研发资本化(亿元）	1.26	0.89	0.64
	资本化比例	14.30%	13.00%	8.10%

续表

企业	项目	2015 年	2014 年	2013 年
海信	研发投入（亿元）	11.47	11.28	11
	研发资本化(亿元）	0	0	0
	资本化比例	0	0	0

注：表中部分相关数据来自海信家电2013—2015年年报，用友软件2013—2015年年报。

发现没有？用友和海信的研发资本化率都是很低的。

实际上，像乐视网这么高的资本化率，在全世界都是很罕见的。假如，乐视网把自己的资本化率降到10%，那么2015年当期利润就会减少至少6亿元。运用“研发投入资本”这一小小的财务技巧，乐视网就在自己的财报上多创造了6亿元利润。

3. 2017年的乐视网

上文的分析，都是我们在乐视网2016年及以前财报基础上做出的判断。那么，这种质疑和判断对不对呢？

2018年4月，乐视网正式披露了2017年年报。年报出来后，市场一片哗然。2017年，乐视网竟然巨亏了138.78亿元！经审计，公司2017年度计提的各项资产减值损失一共有108.82亿元，其中单坏账损失计提60.94亿元、无形资产减值损失计提32.80亿元。我们对于乐视应收账款以及无形资产的质疑都被验证了。

乐视网的例子说明，学会分析财报，可以帮助我们更加清晰地判断一个企业的问题在哪里，避免踩雷。

八、商誉世界里的人生百态

20世纪著名的经济学家欧文·费希尔（Irving Fisher）曾经说过："凡是可以产生收入的都是资产。"这意味着，体力是资产，智慧是资产，美貌是资产，口才是资产，关系也是资产。假如，有人嘲笑你没房没车时，你可以理直气壮地说："虽然我很穷，但是我长得帅，又聪明，还上进啊。"这一回答，就是把外貌、智力、勤奋程度等看不见的东西当作了资产。

因为在资本市场上，也有类似的说法。两家资产一样多的企业，为什么其中一家盈利能更强一些呢？我们可以列举出很多原因，比如这家企业的管理团队更强、品牌影响力更大、客户资源更加丰富等。但是这些东西，就像人的帅气、聪明、上进一样，都是看不见的，既不是固定资产，也不是无形资产，怎么来表示这些资产的价值呢？会计上发明了一个词叫作"商誉"。

下面，笔者就来给你讲讲商誉世界里的人生百态。

1. 商誉的产生：无收购，不商誉

日常生活中，如果有人逢人就说："我的帅气值1个亿，聪明值9个亿。"所以他的身价是10个亿吗？肯定不会。只有在找工作、谈恋爱的时候，他才会把这些"商誉"拿出来给自己增加筹码。

对于一个企业来说，也是一样的道理。只有被收购的时候，企业才会对商誉进行估值。而收购方，会在财务报表的"商誉"这个科目上记录一定的数额。所以，**商誉是指公司在并购过程中，所支付的那部分金额与被并购的标的净资产公**

允价值[①]之间的差价。举个简单的例子，B公司收购A公司，A公司净资产公允价值为5亿。但是B公司花了10亿买了A公司，那么B公司就需要确认5亿的商誉。

很多人经常犯的一个错误是，混淆无形资产和商誉。两者之间的区别在于，**无形资产往往对应着具体的、可以被第三方认证的一些东西，比如专利权、商标权、著作权等。而商誉往往是很难被第三方认证的东西，比如一个公司的客户关系、管理团队的价值。**正因如此，商誉不用像无形资产一样去摊销，但每年都要对商誉进行减值测试。如果商誉发生减值，就会影响公司当年的利润。而且一旦对商誉做减值处理，就不可以再转回了。

2. 不可承受的商誉减值

巴菲特曾经对商誉大加赞赏，他说："直接和间接的企业分析经验，使我现在特别倾向于那些拥有金额很大、可持续的经济商誉却对有形资产需求很少的企业……在通货膨胀期间，经济商誉是一份不断创造丰厚回报的大礼。"

但是，对很多中国的上市公司来说，商誉似乎并不是丰厚的大礼，反而有很多企业被商誉搞得身心疲惫。下面，介绍一个案例：

中国领先的金融电子产品与服务提供商三泰电子是2015年的大牛股。当年，在股价最高时，其市值曾经高达600亿元，可谓是风光无限。然而，到2018年，三泰电子的市值一路狂跌了90%，只剩下60亿元不到。虽然，股价下跌的因素很多，但绝对是与一次失败的收购以及随之而来的商誉减值高度相关的。

2015年，三泰电子以7.5亿现金收购了烟台伟岸信息科技有限公司[②]100%股

---

① 公允价值亦称公允市价、公允价格。熟悉市场情况的买卖双方在公平交易的条件下和自愿的情况下所确定的价格，或无关联的双方在公平交易的条件下一项资产可以被买卖或者一项负债可以被清偿的成交价格。

② 烟台伟岸信息科技有限公司主要通过旗下"金保盟""爱意汽车网"等网站为中国平安保险（集团）股份有限公司等企业的保险及其他金融产品进行互联网推广，获取服务费收入。

权，并在收购后形成了6.78亿的商誉。

但是，仅仅过了一年，到了2016年年底，三泰电子就对其中的6.54亿的商誉进行了大幅减值。

为什么呢？原来烟台伟岸2015年已经亏损3000万，到了2016年公司经营更是一落千丈，前三季度就亏损了2.8亿。眼看着在2016年公司扭亏无望，三泰电子只能一次性计提6.54亿的商誉减值，造成当年利润大幅亏损。

3. 提防商誉踩雷

在投资中，我们一定要提防商誉过大的企业。在2014—2015年的牛市中，很多上市公司通过多次收购积累了大量的商誉。截至2017年12月31日，A股一共有3521家上市公司，累计商誉为13020亿元，相比较2013年累计商誉2143亿元，增长了5.08倍。与此同时，商誉金额占净资产的比例由2013年的1.08%增长至2017年的3.65%。商誉与净利润的比例，从2013年的8.37%暴增至2017年的36.01%。如表1–23：

表1–23 2013—2017年A股商誉占比变化

单位：亿元

项目	2013年	2014年	2015年	2016年	2017年
商誉	2,143	3,318.04	6,527.5	10,519.16	13,020.01
净利润	25,612	27,388.07	28,051.16	30,454.08	36,154.56
净资产	198,102	230,397.7	273,208.8	315,629.4	356,564.9
商誉 / 净利润	8.37%	12.11%	23.27%	34.54%	36.01%
商誉 / 净资产	1.08%	1.44%	2.39%	3.33%	3.65%

如果把没有商誉的企业以及金融行业的企业剔除，那么数据就会更加触目惊心。剔除上述企业后，截至2017年年底全部A股的商誉约为11924亿元，占净资产的比例高达7.64%，占净利润的比例高达87.93%。

这些数字意味着，由于净利润几乎等于商誉余额，一旦发生大规模商誉减值，企业盈利会受到非常大的影响。

作为投资者，如何才能避免踩雷呢？

一是对那些商誉占总资产或净资产比例过大的企业一定要认真查看。比如，掌趣科技的商誉数额就比较大，早在2017年，其商誉就高达53.9亿元，占总资产的54.55%，占净资产的62.67%，是净利润的18.45倍。到了2018年，掌趣科技的商誉数额已经达到了55.95亿元。

二是可以查看财报中“商誉”科目，了解商誉主要是因为收购了哪些企业产生的。

表1-24　2017年掌趣科技的商誉是如何产生的

单位：元

被投资单位名称或形成商誉的事项	期初余额	本期增加	本期减少	期末余额
		企业合并形成	处置	
北京华娱聚友科技发展有限公司	2,886,245.39	—	—	2,886,245.39
广州市好运通讯科技有限公司	5,021,389.28	—	—	5,021,389.28
北京富姆乐信息技术有限公司	11,978,207.60	—	—	11,978,207.60

续表

被投资单位名称或形成商誉的事项	期初余额	本期增加	本期减少	期末余额
		企业合并形成	处置	
海南动网先锋网络科技有限公司	719,661,410.07	—	—	719,661,410.07
北京玩蟹科技有限公司	1,527,986,390.12	—	—	1,527,986,390.12
上游信息科技（上海）有限公司	721,048,722.29	—	—	721,048,722.29
北京天马时空网络技术有限公司	2,611,554,653.94	—	—	2,611,554,653.94
南京触手文化发展有限公司	8,699,067.41	—	8,699,067.41	—
合计	5,608,836,086.10	—	8,699,067.41	5,600,137,018.69

注：表格数据来自掌趣科技2017年财报。

从表1-24，我们可以知道掌趣科技商誉来源最多的前四家企业分别是北京天马时空、北京玩蟹、上游信息、海南动网先锋。

三是在年报中查看“主要控股参股公司分析”，了解这些子公司的经营情况，并且与当年被收购时的利润承诺进行对比。

表 1-25　掌趣科技主要参股公司

单位：元

公司名称	总资产	营业收入	营业利润	净利润
海南动网先锋网络科技有限公司	242,745,169.01	273,434,734.43	63,615,467.85	77,777,244.00
北京华娱聚友科技发展有限公司	306,179,389.04	522,559,813.26	99,390,030.19	55,350,386.32
指尖娱乐（香港）有限公司	623,666,969.61	176,198,978.54	93,850,373.21	92,609,669.96
北京玩蟹科技有限公司	311,600,197.96	467,109,195.39	247,113,968.49	235,482,317.31
北京天马时空网络技术有限公司	654,923,154.52	401,906,288.64	278,349,718.98	261,498,148.67
Webzen Inc.	1,976,133,519.79	986,464,367.94	281,209,383.39	177,767,422.47

注：表格中数据来自掌趣科技2017年财报。

通过对比表1-24以及表1-25，我们得出了并购公司业绩实现情况的数据，如表1-26：

表 1-26　掌趣科技并购公司业绩实现情况

单位：亿元

天马时空	2015 年	2016 年	2017 年	累计	
净利润承诺	≥ 2.11	≥ 2.59	≥ 3.30	≥ 8	
净利润实现	2.64	2.63	2.57	7.84	
玩蟹科技	**2013 年**	**2014 年**	**2015 年**	**2016 年**	**累计**

续表

净利润承诺	≥ 1.2	≥ 1.6	≥ 2	≥ 2.4	≥ 7.2
净利润实现	1.82	1.25	1.82	3.73	8.62
上游信息	**2013 年**	**2014 年**	**2015 年**	**2016 年**	**累计**
净利润承诺	≥ 0.75	≥ 1.25	≥ 1.56	≥ 1.9	≥ 5.46
净利润实现	0.79	1.03	1.14	1.34	4.3
海南动网先锋	**2013 年**	**2014 年**	**2015 年**	**累计**	
净利润承诺	≥ 0.74	≥ 0.9343	≥ 1.12	≥ 2.8	
净利润实现	0.84	0.94	1.14	2.92	

注：表格数据来自掌趣科技2013—2017年财报。

其中，上游信息因为没有完成利润承诺，已经于2017年公开道歉。而已经过了对赌期的玩蟹科技和动网先锋，在2017年的净利润分别是2.35亿、7778万，都出现了明显下滑。

对于这种过了对赌期业绩就下滑的情况，掌趣科技也开始计提商誉减值了。2017年，公司就对动网先锋、上游信息、天马时空这几家公司计提了1.9亿的减值。因为掌趣科技的商誉数额较大，商誉占净资产比例较高，这些商誉减值计提的发生将扩大对公司的负面影响。如下：

本公司对所收购公司产生的商誉进行减值测试，根据管理层批准的五年期预算，采用现金流量预测法对资产组和资产组组合的可收回金额进行评估。

减值测试中采用的关键假设包括：预测期内各业务收入增长率、毛利率、营业费用增长率、折现率等，管理层根据历史经验及对市场发展的预测确定相关关键假设。

本次商誉减值测试采用反映相关资产组和资产组组合的特定风险的税前加权平均资本成本率为折现率。根据测算，本期商誉发生减值：

单位：元

被投资单位名称	本期商誉发生减值金额	备注
海南动网先锋网络科技有限公司	52,653,130.28	
上游信息科技（上海）有限公司	124,868,184.68	
北京天马时空网络技术有限公司	13,819,268.53	

掌趣科技2017年商誉减值

九、递延所得税资产：乐视网曾向税务局“收税”

在前面几节中，我们已经见识了乐视网修饰财报数据的技巧。实际上，它真正的“大招”用在一个很多人都没留意的会计科目——递延所得税资产上。通过这个科目，乐视网创造了向税务局“收税”的神话。它究竟是如何做到的？

1. 递延所得税资产的产生

首先，我们来了解下递延所得税资产是怎么产生的。

简单来说，之所以会有递延所得税资产和递延所得税负债，是因为会计核算的营业利润与税务核算的营业利润之间有差异。**当税务核算出的利润，高于会计核算出的金额，那么企业就要多交税，形成递延所得税资产。当税务核算出的金额，低于会计核算出的金额，那么企业就会少交税，形成递延所得税负债。**

为什么公司会计和税务局算出来的利润不一样呢？因为两者之间存在**可抵扣暂时性差异。**

可抵扣暂时性差异是指资产负债表内，某项资产或负债的账面价值与其按照税法规定的计税基础之间的差额。账面价值是按照会计准则来确定的，而计税基础是根据税法来确定的。这就是产生可抵扣暂时性差异，进而产生递延所得税资产和负债的原因。

但是，从长久来看，一家企业交给税务局的所得税总额不会发生变化。递延所得税资产或递延所得税负债的产生，只会导致企业早交税或者晚交税，但是不可能不交税。

一般来说，产生递延所得税资产主要有以下两种情况：一种情况是预提了费用。这时候，账面资产就会小于计税基础。从会计的角度来看，就会多缴所得税，这部分多缴的税就会计入“递延所得税资产”。另外一种情况是公司发生了亏损。我国税法规定，亏损的公司不用缴税。而且，如果公司未来盈利了，还可以用这部分的亏损来弥补盈利，抵扣所得税。等到弥补完亏损之后，还有盈利的部分才需要交纳所得税。

一般来说，只有当公司对未来的盈利非常有信心的时候，才可以把亏损抵税的部分，在资产负债表上记为“递延所得税资产”，同时在利润表上记为负的“所得税费用”。这个负的所得税费用，看起来就好像是企业不仅不用交税，还要让税务局倒贴税一样。实际上，这只是一种会计表达方式，现实中绝不可能发生税务局给企业交税的情况。

比如，一个企业亏损了100万，按既有税务政策可以抵25万的所得税。虽然，还不知道未来5年内能不能盈利，但是为了让利润表好看一些，企业就可以把这个所得税费用记为-25万。那么，在资产负债表上就会多出25万的递延所得税资产。假设今年本来利润为0，因为所得税费用是-25万，那么最终的净利润就会变成正的25万。这样就可以给广大股民交代了。

而可抵扣的亏损究竟要不要记为“可抵扣暂时性差异”，进而计算“递延所得税资产”，完全是由上市公司自己来决定的。所以，这里的可操作空间极大。

2. 乐视网疯狂的递延所得税资产

对乐视网来说，2014年是一个特殊的年份。那一年，乐视网更换会计师事务所后，所得税费用也开始破天荒地由正数变成了负数：2014至2016年三年间，乐视的利润总额分别为7289.91万、7416.92万、-3.29亿，同期所得税分别为为-5589.75万、-1.43亿、-1.07亿。

与此同时，递延所得税资产也一路狂飙，从2012年的238.05万涨到了2016年的7.63亿。

那么，乐视网这高达7.63亿的递延所得税资产究竟从何而来呢？在乐视网2016年年报中的“递延所得税资产”部分，我们可以看表1–27：

表 1–27 乐视网 2016 年递延所得税资产明细

单位：元

项目	期末余额		期初余额	
	可抵扣暂时性差异	递延所得税资产	可抵扣暂时性差异	递延所得税资产
内部交易未实现利润	169,073,742.93	25,361,061.44	188,929,607.36	47,232,401.84
可抵扣亏损	2,602,199,425.40	650,549,856.36	1,696,948,005.00	424,237,001.25

从表1–27中，我们可以看到，乐视网2016年可抵扣亏损贡献的递延所得税资产高达6.5亿。

再继续查看所得税费用表（见表1–28），其中，乐视网的“当期所得税费用”是1.53亿，而当期的“递延所得税费用”是–2.60亿元，所以，当年的所得税费用就变成了–1.07亿元。

表 1–28 乐视网 2016 年年报所得税费用表

单位：元

项目	本期发生额	上期发生额
当期所得税费用	152,728,087.89	161,595,406.98
递延所得税费用	–259,543,977.05	–304,543,010.45
合计	–106,815,889.16	–142,947,603.47

那么，乐视网为什么有这么多的亏损可以用来抵扣呢？它的亏损究竟来自哪里？

通过查阅2016年年报中的“主要控股参股公司分析”一项我们会发现，乐视网的亏损主要来自乐视致新、乐视电子商务、乐视云计算、乐视文化发展。2016年，这4家子公司分别亏损6.36亿、7.37亿、1761.99万、28.99万。

在财报中，乐视网预计这4家亏损子公司在5年内可以盈利，因此，它把这部分“可抵扣亏损”计入“递延所得税资产”。在后续合并报表时，子公司可抵扣的所得税费用，高于母公司当期的所得税费用，导致出现了合并报表营业利润为正，但所得税却为负的奇观。

3. 少数股东权益

有人可能会问，虽然所得税费用为负数了，但是公司同时也把亏损带进报表了啊，这样一来，净利润不还是负数吗？对于这个问题，我们就需要了解一下利润表部分的“少数股东损益”这个科目。

举个简单的例子：A公司并购了B公司，持有它70%的股份，成为B公司的控股股东。而C公司持有B公司30%的股份，就属于少数股东。如果今年B公司赚了100万，那么在A公司的合并报表中就要完完整整地记录利润为100万。但是这100万的利润中，有30%是归属于C公司的，只有70万归属于A公司。在会计上，这70万的利润叫作“归属于母公司的净利润”。只有这部分利润，才是投资者比较关注的。

如果B公司亏了100万怎么办呢？那么A公司的合并报表依然会显示亏损100万，同样的也要计入少数股东损益为-30万。那么，最终归属于A公司的实际数为-70万。

这一过程中，各个股东按照比例来分摊盈利和损失，看起来天经地义。但是，这里面也有很大的操作空间，而乐视网就这么做了。

先用最少的股权比例，将子公司并表。

在乐视网旗下的子公司中，只有4家不是全资子公司。这4家公司，乐视网虽然持股30%到60%不等，但还是实现了控制，见表1–29：

表1–29 乐视网四家子公司的持有比例及2016年盈亏情况

公司名称	乐视网持有比例	2016年盈亏情况（万元）
乐视致新	58.55%	−63565.68
乐视电子商务	30%的股权+67%的委托表决权	−73688.81
乐视云计算	50%	−1761.99
乐视文化发展	51%	−28.99

并表意味着什么呢？意味着这4家子公司的所有资产和负债都要合并。那么，亏损形成的递延所得税资产也要全部并入乐视网母体。由于资产全额合并，那么，子公司所有的递延所得税资产全部都要计入合并报表中的资产负债表，而相应的递延所得税费用，也要全部计入合并报表的利润表中。但是，**在计算归属于母公司的净利润时，却只要计算持股比例应当承担的亏损就够了。**

比如，对于乐视电子商务来说，只要把7.37亿亏损的30%记作是乐视网母公司的亏损就够了。简而言之，通过以上操作就可以把资产多计，把亏损少计。最后，我们来看看乐视网当年的归属于母公司的净利润是多少：利润总额–3.29亿元，所得税费用–1.07亿元，少数股东损益–7.7亿元，归属于母公司的净利润却达到了5.55亿。

但是，乐视网财务造假了吗？并没有。所有的操作都是严格按照法律法规和会计准则来的。最后它却能化腐朽为“神奇”，从亏损3.29亿，变成了盈利5.55亿。

十、金融资产：上市公司买的股票算什么

通过前几节的介绍，我们已经了解到，在资产负债表中，无论是生产性资产，还是经营性资产，都有可能成为企业调节利润甚至进行财务舞弊的工具。那么，对于金融类企业，它们会在哪些会计科目上动手脚呢？

打开任何一家金融类上市公司的财务报表，无论是银行、保险、券商，还是信托，我们都会发现报表上既没有太多的应收账款和存货，也没有太多的固定资产或者无形资产，更多的是一些**投资性资产**，包括交易性金融资产、持有至到期投资等。所以，研究这些科目的变化，对了解这些企业的经营状况有很大帮助。下面，笔者讲讲资产负债表中的第四类资产，与投资相关的资产。

1. 金融资产的分类

投资相关的资产分为两类，**一类是金融资产，另外一类是长期股权投资。**先介绍一下金融资产。

按照2017年修订的会计准则，金融资产应当在初始确认时划分为三小类：

（1）以摊余成本计量的金融资产；

（2）以公允价值计量且其变动计入其他综合收益的金融资产；

（3）以公允价值计量且其变动计入当期损益的金融资产。

不同性质的公司，这几类资产的构成比例是不同的。比如，工商银行的投资性资产中，以摊余成本计量的金融资产为主；中国平安的投资性资产中，除了交易性金融资产最少外，其他资产比较平均；格力电器作为一家制造业企

业，更多是一些可供出售的金融资产。

2. 交易性金融资产

交易性金融资产属于“以公允价值计量且其变动计入当期损益的金融资产”这一范畴，为了表达方便，笔者还是以“交易性金融资产”代表这个大类。

根据会计准则，要想被记为“交易性金融资产”，需要满足很多条件。不过，我们只需要知道，如果公司把债券、股票、基金、权证等金融资产放进“交易性金融资产”科目，就说明公司打算短期持有这些资产来获取差价。

交易性金融资产的一大特点就是不需要计提折旧和减值，直接以持有期间的公允价值变动，作为该项资产的当期损益，进入利润表的“公允价值变动收益”科目，影响公司当期利润。

比如，A公司买了1亿的股票，并记为“交易性金融资产”。由于大盘一路下跌，到了年末，这些股票的市值只剩下5000万，那么在利润表的“公允价值变动收益”这里就会出现-5000万，同时资产负债表的“交易性金融资产”这个科目就只剩下5000万了。

正因为“交易性金融资产”的这个特点，所以，交易性金融资产通常具有助涨助跌的作用。比如，对于一个市盈率①为30倍的公司，如果交易性金融资产增加了1亿，那么市值就会相应地增加30亿；相反，就会减少30亿。

2018年，上海莱士发布一季报之后，让市场大跌眼镜，报表显示：公司一季度亏损了6.89亿元。亏损最主要的原因就是，一季度国内证券市场波动较大，导致公司风险投资产生较大损失，投资业务产生的公允价值变动损益为-8.98亿元。

关于交易性金融资产，我们需要注意的是，虽然交易性金融资产的公允

① 市盈率是指股票价格除以每股收益的比率。

价值变动会影响当期利润，但是税务局并不认可。反过来，如果公允价值变动产生了损失，税务局也不会认可。所以，这就会产生相应的递延所得税资产和递延所得税负债。

下面，我们以中国平安和中信证券为例来了解下，金融类公司的交易性金融资产都是由什么组成的。

中国平安的交易性金融资产高达1412.50亿元，主要以债券和基金为主，见表1–30：

表1–30　中国平安2017年交易性金融资产

单位：百万元

指定以公允价值计量且其变动计入当期损益的金融资产	2017年	2016年
债券		
企业债	766.00	518.00
权益工具		
基金	3,515.00	5,833.00
理财产品、资管计划及其他权益投资	17,505.00	6,033.00
小计	21,786.00	12,384.00
合计	141,250.00	153,963.00

注：表格数据来自中国平安2017年财报。

中信证券的交易性金融资产为1584.49亿元，主要为债券和股票，见表1–31：

表 1-31 中信证券 2017 年交易性金融资产分类

单位：元

公允价值			
项目	为交易目的而持有的金融资产	指定以公允价值计量且变动计入当期损益的金融资产	公允价值合计
债券	88,149,339,626.41	50,776,000.00	88,200,115,626.41
基金	22,174,069,164.50	45,780,029.49	22,219,849,193.99
股票	40,420,635,396.25	13,482,541,219.39	53,903,176,615.64
其他	7,704,501,949.68	6,125,860,055.10	13,830,362,004.78
合计	158,448,546,136.84	19,704,957,303.98	178,153,503,440.82

注：表格数据来自中信证券2017年财报。

3. 持有至到期投资

了解完“交易性金融资产”，下面我们再来了解下整个资产负债表中最难理解的“持有至到期投资”这个科目。

持有至到期投资，是指到期日固定、回收金额固定，或可确定且企业有明确意图和能力持有至到期的非衍生金融资产。

这意味着，一笔金融资产要被划分为持有至到期投资，必须符合3个条件：

（1）该金融资产到期日固定、回收金额固定或可确定；

（2）企业有明确意图将该金融资产持有至到期；

（3）企业有能力将该金融资产持有至到期。

而符合以上3个条件的只有债券了。

比如，中国平安的持有至到期投资中，都是一些政府债、金融债和企业债，如表1–32：

表 1–32　中国平安持有至到期投资明细

单位：百万元

项目	2017 年 12 月 31 日	2016 年 12 月 31 日
债券		
政府债	512,931	379,659
金融债	487,080	397,535
企业债	244,375	233,794
总额	1,244,386	1,010,988
减：持有至到期投资减值准备	−618	−1,274
净额	1,243,768	1,009,714

注：表格数据来自中国平安2017年财报。

对于持有至到期投资的初始计量方法，一般要把公允价值和相关交易费用之和作为初始入账金额。对于持有至到期投资的后续计量方法，一般是摊余成本法。

对于不同的金融资产，究竟要按照什么方法来进行后续计量？财政部于2017年确定了三个主要的计量类别，分别是：

（1）摊余成本法；

（2）以公允价值计量且其变动计入其他综合收益；

（3）以公允价值计量且其变动计入当期损益。

前面说到的交易性金融资产主要是以公允价值计量且其变动计入当期损

益，后面即将提到的可供出售金融资产，一般是以公允价值计量且其变动计入其他综合收益，而持有至到期投资一般用摊余成本法。

关于究竟怎样用摊余成本法来计算持有至到期投资，我们通过下面的故事来理解：

某家企业发行一种债券，面值是1250元，票面利率是4.72%，期限是5年。但是企业发现按照票面利率发行的话，没人愿意购买。于是它将债券折价1000元出售。本来价值1250元的债券，现在卖1000元。果然有人贪便宜买了。老王买了一份，很开心，觉得自己花了1000元买到了1250元的东西，赚了250元。

到了第一年年末，老王收到企业给的利息59元。这时他的邻居跟他说，现在市场利率是10%，你的1000元拿去做投资的话，应该有100元的收益，可你现在只收到了59元，少了41元。老王一听急了，就去找企业理论，企业说现在我没钱给你，那41元钱就当是我问你借的吧。老王后悔莫及，但是也没办法，谁让自己贪便宜呢！这样第一年年末，老王自己记账的时候，提醒自己，我现在已经借给他们1041元钱了。

第二年年末，老王算投资收益，当然就要用1041元的本金来算了。按照10%的市场利率，第二年的收益应该是104.1元。这时企业还是给老王59元钱，差了45元钱。老王又去找企业理论，企业还是没钱。这时老王自己说，那45元钱就当是我借给你的啊。回家后，老王恨恨地说，我可是已经借给他们1086元钱了。

春来夏往，时间如梭。

转眼到了第五年末，企业借的钱到期了，老王算了算，刚开始花了1000元钱买了个1250元钱的债券，以为捡到大便宜，谁知道最后总共借给他们1250元钱。这时企业给老王送来了1250元的本金和最后一期的利息59元，还送给老王一面写着“助人为乐、品德高尚”的锦旗。

在这个故事中，每一期的本金就是摊余成本，就是把这250元钱分摊到每一期。因为一开始卖1250元没人买，企业就卖1000元，剩余的250元分摊到每一期收，最后总共也能收到1250元。

4. 可供出售的金融资产

本节最后，我们来了解下什么叫可供出售金融资产。

可供出售金融资产是指交易性金融资产和持有至到期投资以外的其他的债权证券和权益证券。简单来说就是，如果公司还没想好是否把一些金融资产归入短期持有的“交易性金融资产”，还是长期持有的“持有至到期投资”，那么就可以划归为“可供出售金融资产”。

正如前文所说的那样，可供出售金融资产，一般也是以公允价值来计量的。但是，在制作资产负债表时，可供出售金融资产的变动却不会直接影响当期的利润，而是会影响利润表中的“其他综合收益”，一般不会涉及纳税问题。

但是，以下两种情况会影响利润表：当“可供出售金融资产”被卖出时，卖价与最初的买价之间的差额，会计入当期的利润表。另外，如果可供出售金融资产在持有期间，发生减值损失或者外汇汇兑损益，也会进入利润表对应的“资产减值损失”和“汇兑收益”科目，影响当期利润。

举个例子，如果A公司买了B公司的股票，并且计入可供出售金融资产。假设初始投资成本是1亿元买入，年底公允价值变成了1.2亿元，那么这2000万元的差额不能计入利润表的“投资收益”或者“公允价值变动收益”，而是要计入资产负债表中所有者权益科目里的其他综合收益。假设年底时股价下跌，股票价值变成了0.8亿元，也是同理，减少所有者权益的其他综合收益。

如果B公司股价持续大跌，短期看不到涨回来的希望，公允价值的变动变成了实实在在的损失，这时候就需要计提可供出售金融资产减值，把所有者权益中的其他综合收益计入利润表，变成了损失。

正因为可供出售金融资产的这个特点，所以常常会成为隐藏的“金矿”或“地雷”。这就需要我们在附注部分，详细了解公司可供出售金融资产所包含的究竟是什么。

要注意的是，可供出售金融资产和持有至到期投资以及长期股权投资之间是可以相互转化的，在后文中笔者还会详细阐述。

十一、长期股权投资：收购了一家公司怎么算

前文中，我们了解“商誉”的概念时，已经知道商誉的形成来自并购。实际上，在收购项目的过程中，还会导致资产负债表中的另外一个科目也出现变动，那就是“长期股权投资”。长期股权投资，一般简称为“长投”，它涉及非常多的概念和会计操作。

1. 长期股权投资的4种情形

按照2014年7月1日实施的会计准则，一个公司对其他公司的股权投资可分为以下4种情况，如表1-33：

表 1-33　股权投资利润核算 4 种类型

关系	持股比例	核算方法	所持投资类型与利润核算
控制	大于 50% 或具有实际控制权	成本法	宣布的分红，进入利润表
合营	合同约定	权益法	按持股比例，确认持股对象的经营盈亏
联营	20%—50%	权益法	按持股比例，确认持股对象的经营盈亏
其他			按照可供出售或交易性金融资产对待

我们来看看这4种情况具体指什么——

（1）控制

当投资企业直接拥有被投资单位50%以上的具有表决权的股份，或者虽然投资比例没达到50%，但是具有实际控制权时，说明投资企业对被投资企业具有控制权，被投资企业是投资企业的子公司。

比如，A公司持有B公司51%的股份，那么B就是A的子公司。如果A持有B49%的股权，由于股权分散，A一直是股东会表决权的多数方，对B拥有实际控制权，那么B依然是A的子公司。

（2）合营（共同控制）

合营又叫作共同控制，一般须满足以下条件：

①任何一个合营方都不能单独控制合营企业的生产经营活动；

②涉及合营企业基本经营活动的决策，需要各个合营方一致同意；

③各个合营方可能通过合同或协议的形式，任命其中的一个合营方对合营企业的日常活动进行管理，但该合营方必须在各合营方已经一致同意的财务和经营政策范围内行使管理权。

（3）联营（重大影响）

如果投资企业对被投资企业的财务和经营政策有参与决策的权利，但是不能最终拍板敲定，那就说明投资企业对被投资企业有重大影响，被投资企业是投资企业的“联营企业”。在这种情况下，一般投资企业的持股比例在20%—50%。如果持股比例在20%以下，但是因为派出人员成为被投资企业的董事或高管，那么也说明该企业对被投资企业有重大影响。

（4）其他

其他的情况，被统称为“无控制、无共同控制且无重大影响”。一般有以下两种情形：

①投资企业直接拥有被投资单位20%以下的表决权资本，同时不存在其他实施重大影响的途径；

②投资企业直接拥有被投资单位20%或以上的表决权资本，但实质上对被投资单位不具有控制、共同控制和重大影响。

打开格力电器2017年的年报，在合并资产负债表中，我们可以看到，格力电器2017年长期股权投资的期末余额约为1.10亿元，而期初余额约为1.04亿元，说明2017年的长期股权投资只增加了大约600多万元。

合并资产负债表中的长期股权投资究竟包含了哪些企业？

通过表1-34，我们会发现，其长期股权投资下的全是联营和合营企业：

表1-34 格力电器2017年合并资产负债表中的长期股权投资部分

单位：元

被投资单位	本期增减变动			期末余额	
	追加投资	减少投资	权益法下确认的投资损益	原值	减值准备
一、合营企业					
松原粮食集团有限公司			3,747,835.57	68,873,468.00	
小计			3,747,835.57	68,873,468.00	
二、联营企业					
（越南）格力电子有限公司				1,940,009.35	
瞭望全媒体传播有限公司	2,032,050.99			28,307,489.70	1,940,009.35
北京格力科技有限公司	212,439.52			1,755,857.06	

续表

被投资单位	本期增减变动			期末余额	
	追加投资	减少投资	权益法下确认的投资损益	原值	减值准备
重庆派格机械设备有限责任公司	321,977.01			10,690,058.26	

可能有人会问，为什么格力电器没有控股的子公司呢？

其实，格力电器不是没有控股子公司，而是不在这份“合并资产负债表”上。如果打开“母公司资产负债表”，我们就会发现，格力电器2017年年底的长期股权投资约为84.59亿元，而2016年年底的数额约为77.13亿元。这说明，2017年，格力增加了大约7.46亿元的对外投资。

在“母公司财务报表主要项目附注”中，我们还可以看到，格力7.46亿的对外投资，大部分是对子公司的投资，对联营、合营企业的投资只有700万不到，见表1–35：

表 1–35 格力电器 2017 年母公司资产负债表中的长期股权投资部分

单位：元

项目	2017 年 期末余额		2016 年 期末余额	
	账面余额	账面价值	账面余额	账面价值
对子公司投资	8,349,033,386.99	8,349,033,386.99	7,609,419,886.99	7,609,419,886.99
对联营、合营企业投资	112,331,378.21	110,391,368.86	105,853,180.86	103,913,171.51
合计	8,461,364,765.20	8,459,424,755.85	7,715,273,067.85	7,713,333,058.50

为什么合并报表中的长期股权投资不包括对控股子公司的投资呢？

原因很简单，那就是子公司都被并表了。我们常说的并表，其实就是在取得对子公司的控制时，就会将对子公司的长期股权投资成本，折算成对应比例的资产、负债、权益、利润等，记录到合并报表中。在后续的实际操作中，会将控股子公司全部合并进来，然后将非本公司占股部分单独列为"少数股东权益"和"少数股东损益"。

所以，对格力来说，在合并报表中所列示的长期股权投资，只是投资的合营和联营公司。

2. 长期股权投资的两种核算方法

对于长期股权投资，有两种核算方法，分别是**成本法**和**权益法**。对于能够对被投资单位实施控制的长期股权投资，一般采用成本法；对于合营和联营的公司，一般采取权益法。

我们先来了解成本法。

格力电器在2017年年报中提到："采用成本法核算的长期股权投资，按照初始投资成本计价。追加或收回投资调整长期股权投资的成本。被投资单位宣告分派的现金股利或利润，确认为投资收益计入当期损益。"

这句话包括了两层意思：

一是，按照初始投资的成本计价，除非追加投资或者收回投资，否则长期股权投资的账面价值一直保持不变的。

比如，A公司持有B公司80%的股份，B公司的总股本是1亿，那么在A公司（母公司）的资产负债表上，就会记下8000万的长期股权投资。此后，无论B公司是盈利还是亏损，A公司都会一直把B公司的账面价值记为8000万。

二是，被投资单位宣告分派的现金股利或利润，作为当期投资收益。

比如，当B公司宣布分红5000万时，A公司就可以在利润表上的投资收益部分增加4000万（5000万×80%）的投资收益。

这就是成本法的内容，相对比较简单。

那么权益法是怎么对长期股权投资进行核算的呢?

格力电器在2017年年报中提到:“本公司长期股权投资采用权益法核算时，对长期股权投资的投资成本大于投资时应享有被投资单位可辨认净资产公允价值份额的，不调整长期股权投资的投资成本；对长期股权投资的投资成本小于投资时应享有被投资单位可辨认净资产公允价值份额的，对长期股权投资的账面价值进行调整，差额计入投资当期的损益。”

简单来说就是，**以权益法核算的长期股权投资，开始时要将成本（取得长期股权投资的成本）与所享份额（按持股比例享有被投资单位所有者权益公允价值的份额）进行比较。如果成本小于所享份额，那么就按照所享份额来调整长期股权投资的账面价值，差额的部分计入营业外收入。**

比如，假设A公司投资了B公司，持有30%股份，投资成本为3000万。如果当时B公司可辨认公允价值是2亿，那么A公司所持有的份额实际上就是6000万。这说明，A公司低价买入了B公司股份。这时候，A公司需要把对B公司的投资成本记作6000万，同时在利润表的营业外收入部分写上增加的3000万。

如果B公司可辨认公允价值是8000万，那么A公司所持有的份额为2400万。相当于A公司溢价买入了B公司的股份。这时候，A公司仍然把3000万作为投资B公司的成本。

上文讲的是初始计量，那么收购B公司30%的股份以后，A公司应该如何计算B公司的盈亏情况呢?

格力电器是这样描述的:“本公司在按权益法对长期股权投资进行核算时，先对被投资单位的净损益和其他综合收益进行取得投资时被投资单位各项可辨认资产等的公允价值、会计政策和会计期间方面的调整，再按应享有或应分担的被投资单位的净损益和其他综合收益份额确认当期投资损益和其他综合收益。对于被投资单位除净损益、其他综合收益和利润分配以外所有者权益的其他变动，调整长期股权投资的账面价值并计入所有者权益。”

这段话很长，核心意思其实就是：A公司将按照持股比例计算投资于B公司的盈亏情况。

比如，假设A公司投资了B公司，持有30%股份，投资成本为3000万，则B公司可辨认公允价值为1亿。如果B公司赚了5000万，那么A公司就会将长期股权投资增加1500万，同时在投资收益部分增加1500万。如果B公司亏了5000万，那么A公司就会将长期股权投资减少1500万，同时在投资收益部分减少1500万。

看到这里，大家可能觉得有点迷糊，一会儿是成本法，一会儿是权益法。其实，在我们最常用的合并资产负债表中，长期股权投资只包括合营和联营企业，只需要用权益法计量。

3. 非经营因素对长期股权投资的影响

在现实中，除了前文讲的，企业经营盈亏会对公司的长期股权投资有影响，我们还要考虑一些非经营的因素。比如一种比较常见的情况是，被投资企业增资了，那么这时候应该如何计算投资企业的损益情况呢？

一般分为两种情况来讨论：一种是投资企业的持股比例变化了，**一种是投资企业的持股比例没变化。**

假设B公司总股本1亿元，净资产为5亿元。上市公司A持有B的股份为30%，也就是3000万股（对应净资产为1.5亿元）。当时，A公司买价为1.8亿元。所以，用权益法核算，初始账面价值为1.8亿元。

2017年，公司B实现净利润5000万元。那么A公司在利润表中确认的投资收益为5000×30%＝1500（万元）。同时，在资产负债表中，长期股权投资的账面价值也增加1500万元，变成了1.95亿元。

2018年，B公司向C公司定向发行新股2000万股，每股10元。这就意味着，C公司获得了B公司2000÷（10000+2000）＝16.67%的股份。而A公司的股份则被稀释成3000÷（2000+10000）＝25%的股份。

A公司持有B公司的股份比例从30%降到了25%，就属于上文所说第一种股份比例发生变化的情况。

在这个例子中，我们从会计角度出发可以认为A公司卖掉了5%的股份，账面价值为1.95×5%＝0.0975（亿元）。而因为C公司增资了2亿元，A公司相应增加的净资产为2×25%＝0.5（亿元）。那么，A公司就获得了0.5-0.0975＝0.4025（亿元）的投资收益。同时，长期股权投资也增加了4025万元。

如果B公司向C公司定向发行新股后，A公司股份比例依然保持30%，那么B公司净资产变化对应比例的部分，就会计入A公司资本公积，不影响当期利润。

十二、实际应用：如何区分长期股权投资和金融资产

在前面的章节中，我们提到了金融资产的概念，包括交易性金融资产、以摊余成本计量的金融资产、其他权益工具投资等，还了解了长期股权投资的概念。那么，两者之间有什么区别呢？它们又是如何帮助我们分析财务报表的呢？

1. 长期股权投资是什么

我们回顾一下前面章节的内容——假设A公司买入B公司的股份，那么往往会有4种关系：

（1）**控制**：A取得B的控制权，B成为A的子公司；

（2）**合营**：B是A的合营公司；

（3）**联营**：A对B产生重大影响，B为A的联营公司；

（4）**其他**：无控制、无共同控制且无重大影响。

如果满足前三个条件，那么就会记作资产负债表上的"长期股权投资"。否则的话，就被划入到"其他"。

2. 金融资产是什么

"其他"是什么呢？是指"金融资产"。所以，当我们看到A公司对B公司进行投资时，应该首先想到的是，究竟应该划分为"长期股权投资"还是"金融资产"？

确定好大的分类之后，还需要进一步确定小分类，也就是金融资产下面的细分领域。

根据企业管理的金融资产产生现金流量的方式——收取合同现金流量、出售金融资产，还是二者兼有——金融资产分为三类，分别是：

（1）以摊余成本计量的金融资产；

（2）以公允价值计量且其变动计入其他综合收益的金融资产，包括其他债权投资和其他权益工具投资；

（3）以公允价值计量且其变动计入当期损益的金融资产，即交易性金融资产。

其中，第1类是以收取合同现金流量为目标的企业债权类投资，如企业一直持有某普通债券。第2类中的其他债权投资是以收取合同现金流量和出售金融资产为目标的企业债权类投资，如企业持有着普通债券又有出售的计划。而第2类中的其他权益工具投资指的是权益类投资。第3类交易性金融资产既包括权益类也包括债权类投资。

需要注意的是权益类金融资产不参与重分类，因此一经指定不得撤销。

那么，权益类金融资产，究竟划分到交易性金融资产，还是划分到其他权益工具投资呢？主要还是在于持有的目的和期限。

交易性金融资产主要是为了短期持有（不超过一年），目的就是赚取差价。而其他权益工具投资的投资对象包括上市公司股票或者非上市公司股权，一般没有固定的收回期限和固定的投资收益，考虑的是投资是否能够获得较高的回报以及影响/控制被投资企业是否有利于本企业的长远利益。

从会计处理上来看，交易性金融资产和其他权益工具投资有很多相似之处。比如，在初始计量时，资产的公允价值都是初始投资成本的构成部分；在后续计量中，都会把金融资产的公允价值作为账面价值。它们最大的区别在于：交易性金融资产公允价值的变动会影响当期的利润表，而其他权益工具投资公允价值的变动会通过“其他综合收益”直接影响股东权益。此外，在该金融资产终止确认时，之前计入其他综合收益的累计利得或损失都要计入“留存收益”。也就是说，作为“其他权益工具投资”的权益类投资，除了在持有过程中获得的股利收入外，不会对收购方的利润形成影响。值得注意的是，在2017年对《企业会计准则第22号——金融工具确认和计量》进行修订之前，可供出售金融资产作为其他权益工具投资的前身，在出售时累计确认的“其他综合收益”需转出并确认“投资收益”，这使得“可供出售金融资产”也往往成为利润调节的重要工具。此外，“可供出售金融资产”存在由于计提资产减值损失从而影响到利润表的可能，但新准则下其他权益工具投资并不需要计提减值准备。

因此，相较之前，想利用“其他权益工具投资”操纵利润表的可能性显著下降。

比如，A公司收购B上市公司的股份并确认为长期股权投资，那么B上市公司的可辨认净资产公允价值怎么确认呢？很多人的第一反应可能是市值，其实不是。否则的话，初始投资成本不就与可辨认净资产的公允价值完全一致了吗？

为什么不是市值呢？在前文介绍“商誉”的时候提到过，一个公司只有在被收购的时候，才能对商誉进行估值。如果没有收购，就不会在财务报表上估算商誉的价值。但是，不记录并不代表市场不认可。实际上，一个上市公司的市值里就包括了两方面的价值：一个是在财务报表中体现出来的可辨认净资产公允价值，另外一个是不可辨认的商誉。所以，上市公司的可辨认净资产公允价值不等于市值。

通过前文的介绍，我们已经知道：

长期股权投资初始成本＞可辨认净资产公允价值份额，损益影响为0；

长期股权投资初始成本＜可辨认净资产公允价值份额，差额部分计入损益。

将这两条原理应用到具体的上市公司就是：

假设A通过二级市场以增持的方式买入B上市公司的股份：

B市值×持股比例＞B净资产账面值×持股比例，损益影响为0；

B市值×持股比例＜B净资产账面值×持股比例，差额部分计入损益。

如果用P代表市值，B代表上市公司净资产账面值，进一步可以得出公式：

P＞B，损益影响为0；

P＜B，损益＝（B–P）×持股比例。

由此，我们可以得出结论：如果收购一家上市公司的股份，且确认为长期股权投资，当PB[①]倍数大于1时，收购方损益无影响；当PB倍数小于1时，收购方可确认投资收益。

一句话概括就是：**如果买入破净股[②]并确认长期股权投资，就可以立即在账面上获得投资收益。**

① PB（price to book ratio）是市净率，指的是每股股价与每股净资产的比率。

② 破净股全称为“股价跌破净资产值的股票”，是指股票的每股市场价格低于它每股净资产价格。

十三、负债：如何判断一家公司是否缺钱

2018年，债务违约事件频发，就连上市公司的日子都不好过了。越来越多的上市公司被曝出有严重的债务偿还危机。

作为投资者，我们如何通过财务报表来判断一家公司是否缺钱呢？这正是我们这一节要学习的内容：负债。

1. 负债的类型

负债，直白点说，就是公司欠别人钱。在生活中，我们总觉得欠债是一件不大光彩的事情，但是对于一家公司来说，保持一定的负债率是公司良性运营的标志。

实际上，负债有很多种类型，有的债务让公司头痛，而有的债务却会让公司感到自豪。

首先，负债可以分为**流动负债**和**非流动负债**。其中，流动负债是指在一年内甚至更短时间内就要偿还的债务，比如短期借款科目。非流动负债就相对没有那么着急，比如长期借款科目等。

另外，负债还可以分为经营性负债、分配性负债、融资性负债。其中，经营性负债是因为企业的日常经营活动而产生的，比如应付票据、应付账款、预收账款等；分配性负债是伴随企业的盈利而产生的，主要指应付股利和应交所得税；融资性负债包括各种形式的长短期借款。

最后，负债还可以分为有息负债和无息负债。其中，经营性负债和分配性

负债通常是无息负债，公司一般不会为这些负债烦恼，甚至，有较多的经营性负债，是公司在产业链中地位较高的证明。比如格力电器，按照2018年年报，公司应付账款和预收账款高达487.7亿元，都是无息负债，相当于公司占用了产业链上下游的资金。

而融资性负债一般是有息负债，是债权人和投资人都比较关注的部分，大部分的债务危机都是从还不起有息负债开始的。

传统的财务分析方法，比较关注流动比率、速动比率、资产负债率等指标。其中，**流动比率＝流动资产÷流动负债**，反映的是公司的短期偿债能力。

速动比率＝（流动资产−存货）÷流动负债，可以更有效地反映公司的短期偿债能力。

而**资产负债率＝负债÷总资产**，反映的是公司的整体债务状况。

笔者认为，对投资者来说，要看的最重要的两个指标分别是：

（1）现金及现金等价物与有息负债比例；

（2）有息负债占总资产的比例。

下面，笔者以东方园林、暴风集团为例，分析如何判断一家公司是否缺钱。①

2. 如何判断一家公司是否缺钱

东方园林最早靠园林工程业务起家，并于2009年在中小板上市。上市3年后，也就是2012年，传统业务开始下滑。

公司年报显示，从2013年到2016年，市政园林项目营收从45.31亿元一路下滑到29.33亿元。受此影响，整体业绩也在2014年出现下滑。

与之相伴的是，尽管2014年下半年A股的牛市已经开启，但是东方园林的股

① 下文中相关数据均来自东方园林和暴风集团历年财报附注数据。

价一直萎靡不振。

传统业务不好做了，怎么办？当然要转型！怎么转型呢？东方园林的管理层发现了两大法宝：一个是并购，一个是PPP模式①。先来说说并购。

从2015年开始，东方园林开启了“买买买”模式——通过不断地并购，深度切入到了以水系治理为主的生态修复业务。

3年来，花费在并购上的钱有多少呢？38亿！在财报上的反映就是，公司的商誉由2014年的不到1亿元增加到了2018年一季度的21.18亿元。

随后，东方园林形成了工程建设、水环境综合治理、市政园林三大业务板块。

鸡买来了，怎么让它快速下蛋呢？东方园林的管理层很快找到了另一个法宝——PPP。

2014年底，国家开始大力推行PPP模式。嗅觉敏锐的东方园林，很快抓住了这个风口。财报显示，2015年开始，公司中标的PPP订单总额不断增长，2017年，达到了惊人的715.71亿元。

这两大法宝使出后，效果是立竿见影的。这3年，公司业绩一路飞升。营收从2014年的46.8亿元，一路增加到2017年的152.26亿元；归属于母公司的净利润，也从2014年底的6.48亿元，增长到2017年的21.78亿元。也就是说，营收和净利润都增长了2倍以上。

2018年，PPP模式开始面临资金压力，公司也开始受到质疑。

2018年，5月23日晚间，在《关于公司债券发行情况及部分媒体质疑的说明公告》（本节以下简称《公告》）中，公司仍在强调：虽然今年有29亿的债券需要兑付，但是每年6月份和第四季度都是公司的回款高峰，所以不存在兑付风险。

仔细分析后发现，从公司2017年的财报来看，货币资金有34亿元，看起来

① PPP模式，即政府和社会资本合作，是公共基础设施中的一种项目运作模式。在该模式下，鼓励私营企业、民营资本与政府进行合作，参与公共基础设施的建设。

的确很充裕，然而使用受限的资金高达12.6亿元，也就是说，可以用来自由支配（还债）的资金其实只有21.4亿元。

那么，这家公司短期内要还的债有多少呢?

在《公告》中，只是提到了2018年要还的债券，却没有提到短期要还的其他债务。其实截至2018年3月31日，在241亿元的流动负债中，除去应付票据、应付账款、预收款项这3项经营性负债外，需要立即偿还的短期负债（短期借款、其他流动负债等）高达90.1亿元。

这个结论是怎么得出来的呢？其实很简单，就是把整个流动负债（241亿元）减去经营性负债（150.9亿元），得到的就是需要马上偿还的短期负债（90.1亿元）。

在东方园林这个案例中，特别值得注意的是“其他流动负债”这个科目。看起来很普通的一个科目，其实暗藏乾坤。在东方园林的2017年财报中搜索“其他流动负债”，我们就可以看到，这个科目下大部分都是“短期的应付债券”。很多企业出现债券违约，都是在这个“其他流动负债”科目上暴露出端倪的。

表 1–36　东方园林 2017 年其他流动负债明细

单位：元

项目	期末余额	期初余额
短期应付债券	3,200,000,000.00	
待转销项税	293,515,889.27	169,427,011.98
合计	3,493,515,889.27	169,427,011.98

那么，是不是经营性负债就完全不必担心呢？也不是这样。供应商的忍受力

也是有限度的，如果赖账太久，也会导致他们集体反水。比如乐视网，就是因为账上有太多的应付账款、应付票据，最后被供应商催债，暴露出债务危机。

下面再来说说暴风集团。暴风集团是2015年上市的创业板明星公司，后来因为错误的战略布局，经营每况愈下。最终于2020年11月10日被摘牌退市。

2018年5月9日，暴风集团撤回了规模为18亿的定向增发计划，不到1个月的时间，又推出了规模为5000万元的小额快速融资方案。是什么原因让暴风集团放弃18个亿而选择5000万？

人们猜测的原因是：18亿定向增发流程太长，不确定性很高。暴风集团于2016年9月27日向证监会报送非公开发行A股股票申请文件，眼看就要2年了，还没有通过审批，更别说再加上募集时间了。而5000万走创业板小额快融通道，不仅手续便捷，无须中介机构参与，而且获批速度也快，证监会需在15个交易日给出答复，资金可能会快速到账。

市场大多认为暴风集团资金链已经出现严重问题，5000万对于其资金链缺口也只是杯水车薪。2018年6月7日，暴风集团发布公告进行了一定的解释："公司本次5000万元的募集资金，用于互联网视频用户服务支持系统项目，募资金额不在大小，在于和使用目的相匹配，一个好的募资项目要坚持良好的投入产出效率，坚持量入为出。对比公司的业务规划和研发投入规模，5000万元的项目投入符合公司在研发上小步快跑，持续迭代的策略。"

内容明显底气不足，反而让细心的投资者产生了更大的警觉。

那么，暴风集团究竟缺不缺钱呢？

从传统指标——流动比率、速动比率和现金比率来看，从2016年开始，暴风集团全面进入低于1的比率时代（见图1-2），也就是说公司的流动资产已经不足以偿还公司的流动负债。

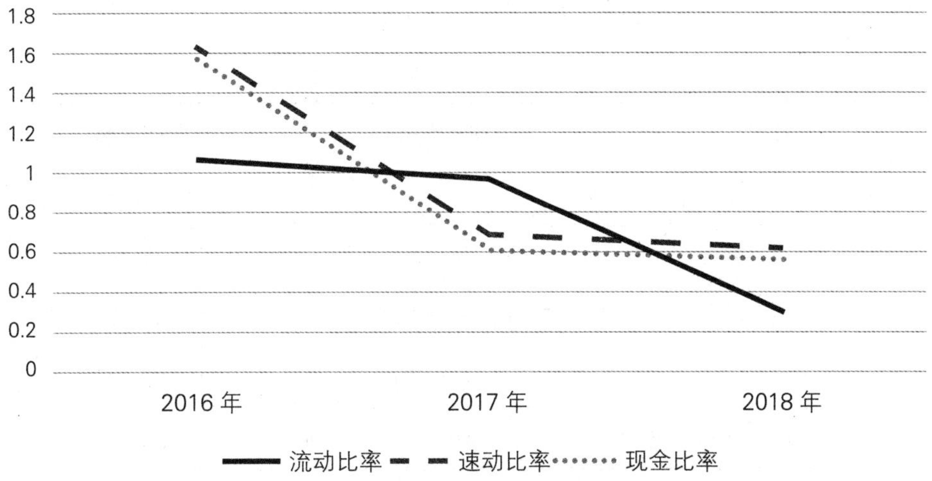

图1-2　暴风集团偿还能力图

虽然，从暴风集团2018年一季报来看，公司在流动口径和速动口径的偿债缺口并不大，分别是1.46亿元和8.88亿元。如果18亿定向增发成功，这些钱都不算什么。但是，毕竟一分钱难死英雄汉。如今，沦落到连5000万都这么着急地要，显然已经是捉襟见肘了。

下面，我们再来看看暴风集团的现金及现金等价物与有息负债之间的关系。

用同样的方法，我们可以看出，截至2018年3月31日，暴风集团立马就要偿还的短期负债（包括融资性负债和分配性负债）为19.7亿元（流动负债总额）减去12.9亿元（应付账款和预收款项），为6.8亿元。而暴风集团的现金及现金等价物是多少呢？在财报中查看货币资金科目（见表1-37），其中，2017年年底，暴风集团的货币资金总额是1.73亿元，而使用受限的资金是0.4亿元，也就是说，现金及现金等价物差不多才1.33亿元。资金的缺口是5.47亿元。

表 1-37　暴风集团 2017 年货币资金构成

单位：元

项目	期末余额	期初余额
库存现金	—	8,323.42
银行存款	168,255,594.85	231,528,540.24
其他货币资金	4,913,954.88	45,143,755.56
合计	173,169,549.73	276,680,619.22
其中：存放在境外的款项总额	0.00	0.00

其中受限制的货币资金明细如下：

单位：元

项目	期末余额	期初余额
银行承兑汇票保证金	—	35,000,000.00
共管账户	—	5,697,406.91
合计	—	40,697,406.91

实际上，暴风集团2018年一季度的现金流情况还在进一步恶化。另外，控股股东冯鑫个人的资金也非常紧张：截至2018年5月31日，冯鑫累计质押股份6705.1万股，占其持有公司股份总数的95.35%，占公司总股本的20.35%。

根据沪深交易所最新发布的《股票质押式回购交易及登记结算业务办法》，股票质押率①上限不得超过60%（2019年8月下旬深市无限售条件股份平均质押率为38.18%）。一般来说，股票质押的平仓线为140%，如果不考虑融资

① 股票质押率：股票质押是上市公司股东的融资方式，质押率由贷款人依据被质押的股票质量及借款人的财务和资信状况与借款人商定，但股票质押率最高不能超过60%。

持有期间的利率成本，假设质押率是60%，则冯鑫的平仓市值上限＝质押股票时市值×60%×140%。粗略计算一下，股价每比平仓价跌1块钱，质押人就要追加至少约5000万保证金，否则随时面临爆仓风险。

在2020年6月18日，暴风集团发布公告称无法在当年6月30日前披露2019年度报告及2020年第一季度业绩预告与季报，公司股票将于7月1日起停牌。此时，距离冯鑫本人以涉嫌对非国家工作人员行贿罪、职务侵占罪被批准逮捕，已经过去了9个月。

十四、所有者权益：警惕“高送转”陷阱

这一节，我们来看看资产负债表的最后一个部分，所有者权益。

2017年4月8日，时任证监会主席的刘士余在一次会议上表示，“高送转”方案必须列入重点监管范围。这番言论一出，市场一片哗然。按理说，上市公司给股东送股，应该是一件好事。虽然送股不像现金分红那样是实质性利益，但能送总比一毛不拔要好。更何况，每次只要一家公司宣布“高送转”之后，股价就会大幅上涨，说明市场也是欢迎“高送转”的。那为什么监管层还要加大监管呢？下面我们从资产负债表中的所有者权益出发，来理解“高送转”。

1. 所有者权益

首先，我们要搞清楚“所有者权益”这个概念。

所有者权益，也叫股东权益，同时也是我们最常说的“净资产”，是由公司总资产减去总负债得出来的。这个部分的会计科目包括：实收资本（股本）、资本公积、盈余公积、未分配利润、其他综合收益、少数股东权益等。下面，我们来分别介绍一下这些科目。

（1）实收资本

实收资本，也叫“股本”，或者叫“注册资本”。比如，贵州茅台的总股本是12.56亿元，说明注册资本就是12.56亿元。

如果一个公司的股本，在年初和年末的余额相同，说明这一年里没有发生送股、增股、增发等行为。

（2）资本公积

资本公积是指企业在经营过程中由于接受捐赠、股本溢价以及法定财产重估增值等原因所形成的公积金。大部分情况，资本公积都是在股东出资时，股本溢价所产生的。如果公司的注册资本是1亿元，但是股东出资5亿元，那么多出来的4亿元就是资本公积。以贵州茅台为例，截至2019年年底，它的资本公积约为13.75亿元，其中99%都来自股本溢价。

资本公积可以用来转增股本[①]。“高送转”中的“转”就是指用资本公积来转增股本。但是，资本公积不可以用来进行分红。如果可以分红，那么就会成为把资本公积当作利润来分配，老股东吃新股东的资本传销了。

（3）盈余公积

盈余公积，是指企业从税后利润中提取形成的、存留于企业内部、具有特定用途的收益积累。一家企业经营获利以后，利润分配顺序如下：首先，弥补以前年度的亏损（若有）；其次，要按照当年税后利润的10%计提法定盈余公积；再次，由股东自行决定是否提取及提取多少任意盈余公积；最后，决定是否向股东分配。其中，法定盈余公积累计到注册资本的50%以后，可以不再继续提取。任意盈余公积是否提取，提取多少，由股东们自己决定。

（4）未分配利润

提取完盈余公积后，剩下的就是未分配利润了。未分配利润的自由度是最高的，股东可以自己决定用途。

上市公司用盈余公积或未分配利润送红股，就是指“高送转”中的“送”。虽然看起来，送股和转增股票一样，都是给股东分配股票。但是在税务局看来，这两者是有差别的。用资本公积转增股本时并不是对利润进行分

① 转增股本指公司将资本公积转化为股本，转增股本并没有改变股东的权益，但却增加了股本规模，因而客观结果与送红股相似。通俗地讲，就是用资本公积向股东转送股票。

配，只是把股东投入的资金在不同科目间进行调整，所以在用资本公积转增股本时不需要扣税。而用盈余公积和未分配利润送红股，被视为一种利润分配行为，需要股东支付所得税。

另外，送股和增股还有一个区别，那就是：送红股的前提是公司有盈利，而且要保证送股后，盈余公积不得低于注册资本的25%。而企业用资本公积转增股本，就不需要考虑是否有利润。

（5）其他综合收益

其他综合收益是一个由新会计准则新设定的科目，部分代替了以前“资本公积——其他资本公积”的用途。我们前面提到的，可供出售金融资产公允价值变动时，就记录在这个科目中。

（6）少数股东权益

在前文讲“递延所得税资产”时，已提到过“少数股东”这个概念。之所以会出现少数股东，是因为上市公司收购的子公司，并不是上市公司100%控股的，剩余股份的持有者，就被称为“少数股东”。这些少数股东所享有的净资产就被称为“少数股东权益”。被上市公司所享有的权益就是“归属于母公司所有者权益合计”。

（7）库存股

库存股是公司持有自己的股票，目前我国上市公司中少有这种情况。

（8）专项储备

专项储备，是要求高危行业企业提取的安全生产费及类似性质的费用。

（9）一般风险准备

一般风险准备，是指要求金融机构为贷款提取的、为了预防可能产生的亏损而准备的一笔钱。在银行的资产负债表中往往都会有这样的科目。

到这里，“所有者权益”这个部分的科目就介绍完了。公司资产负债表中的资本公积、盈余公积、未分配利润等，只是一种会计归类，公司并不会设置不同的银行账户，把不同的钱存放在那里，而是一视同仁地使用的。实际上，这些资金可能并没有完全收到。就算收到了，也很有可能已经变成了固定资产、无形资产、存货等各种资产。这也是上市公司喜欢“高送转”股票，却很少进行现金分红的原因。

对于上市公司来说，尤其是现金不够充裕的上市公司，“高送转”比直接的现金分红实施起来要容易得多。

2. “高送转”中的陷阱

接下来，我们来具体分析为什么上市公司热衷于“高送转”。

所谓的“高送转”，是指上市公司大幅送红股或者转增股票的一种行为。很多年前，“10送转5”[①]就被称为“高送转”。后来，“10送转15”以上才能被称为“高送转”。如今，“高送转”又重新变为“10送转5”以上了。

“高送转”对于上市公司而言，一方面表明公司对业绩的持续增长充满信心，公司正处于快速成长期，“高送转”有助于保持良好的市场形象。另一方面，一些股价高、股票流动性较差的公司，也可以通过“高送转”降低股价，增强公司股票的流动性。

当然，这只是从比较正面的角度来说的。很多公司发现，只要公司宣布“高送转”，不花一分钱，就可以让股票连续上涨，甚至翻倍，就开始动一些坏心思。比如一些亏损的企业，上市公司控股股东为了高位减持套现，就会在减持之前宣布“高送转”。曾经，“私募一哥”徐翔[②]也干过这样的事情。他在

① “10送转5”指的是投资者本来手里有1万股，送转后，变成了1.5万股，但是持股市值不变。

② 徐翔，上海泽熙投资管理有限公司原法定代表人、总经理，曾是中国最受关注也是最为神秘的私募人士。2015年徐翔因涉嫌操纵证券市场、内幕交易犯罪，被公安机关依法采取刑事强制措施。

购买了一家公司的股票后，为了出货，就开始怂恿上市公司宣布“高送转”。

所以事实上，在推出“高送转”方案的公司中，相当一部分是为了配合大股东及董事、监事等高管人员的减持，是为少数人利益给大多数投资者设置的一个圈套。而监管层所打击的就是那些没有条件实施“高送转”，却坚持推出“高送转”方案的行为。

因此，“高送转”必须合理掌握好送股的“度”，控制好送股的节奏，而不是为了吸引眼球、吸引投资者关注，脱离实际地推出“高送转”方案。否则，就会产生相反的效果，甚至沦为少数人牟取私利的工具，严重损害投资者利益。

第二章

利润表

一、营业收入：收入利润确认

假如用家庭财产状况来比喻，资产负债表是用来反映你有多少资产和负债的，比如有多少房产、汽车、债务等；而利润表就是反映你每年的收入和支出情况的。

在内容上，利润表要比资产负债表容易很多。我们作为投资人要了解的无非是，公司的收入从哪里来以及成本和费用都有哪些。本节分析利润表的第一个科目：营业收入。

1. 权责发生制

在介绍营业收入概念之前，笔者先给读者介绍一个重要的会计核算方法，权责发生制。

假设你一个月的工资是2万元。按照惯例，工资一般不会在当月发放，而是会在下个月的某一天发给你。比如，你6月的工资，到了7月5日才会给你发。这就是你的收入。

再假设，你所有的支出只有衣、食、住、行这四项，不考虑旅游、税收等其他支出。其中，我们假定衣、食、行这三项的支出是一个固定的数字，5000块。这三项的消费基本上都是“一手交钱，一手交货”，不存在赊账或预缴的行为。但是，“住”就不一样了。只要租过房子的都知道，一般房租的支付方式是“押一付三”，苛刻点的甚至可能“押一付六”。我们假设你在6月30日租了房子，一个月租金是5000块，支付方式是押一付三，也就是说你一次性支付了2万块。那么，问题来了，你这个月的利润有多少呢？

大部分人会给出的计算方法是，收入2万减去衣食行开销5000再减去房租2万，所以得出的结论是，这个月亏损5000块。

那么7月份，你的利润是多少呢？因为不用交房租了，所以，很多人得出的结论是，7月份净赚1万5千块。

这样的计算方法有问题吗？很多人可能都会觉得没问题，因为他们每天就是这么记流水账的。某月某日收到多少现金，某月某日又支出了多少钱，到了月末结余或亏欠多少钱。这样的会计方法叫作“收付实现制”，就是以实际收到或支出的现金来确定收入和费用。但是，这种会计方法其实是有局限性的。

在上文的租房假设中，虽然你在6月30日一次性支付了押金与3个月的房租，出现了2万块钱的现金支出，但实际上，这2万块钱并不是你在6月30日那天消费的，你只是预缴了未来3个月的房租以及5000块的押金而已。后面，你每住满1个月，才算是你真正产生租金支出的时间点。

也就是说，按照收付实现制，你的记账内容是：

项目	6月	7月	8月	9月
租金（元）	20000	0	0	0

但实际上，按照你真正消费的情况来记账那应该就是：

项目	6月	7月	8月	9月
租金（元）	0	5000	5000	5000

这种**按照权利和责任实际发生的情况确定为收入和支出的记账方法，就叫作“权责发生制”**。权责发生制解决了很多收付实现制逻辑混乱的问题，能够更好地反映实际收入和支出情况。这也是当前所有企业统一采用的会计核算方法。

但权责发生制并不是十全十美的。正因为所有的收入和支出，并不是按照实际收到或支出的现金来确认的，所以，利润表中的每个科目几乎含有人为估算的结果。这就给了一些不法分子大展拳脚的机会。而我们投资人就需要通过深入学习每个科目，来了解他们有可能在哪些科目上动手脚。

2. 营业收入的确认

财务舞弊是一个庞大的系统工程，涉及公司经营的方方面面。但是无论做得如何隐蔽，基本上都逃不开三个步骤：

（1）虚增利润；

（2）虚构现金流；

（3）虚增资产。

由此可见，虚增利润是财务舞弊的第一步，而虚增利润的第一步就是虚增收入。

打开格力电器2017年年报中的合并利润表我们会发现，格力的营业总收入包括了营业收入、利息收入、已赚保费、手续费及佣金收入这4项。如表2-1：

表 2-1 格力电器 2017 年合并利润表

单位：元

项目	本期发生额	上期发生额
一、营业总收入	150,019,551,611.75	110,113,101,850.23
其中：营业收入	148,286,450,009.18	108,302,565,293.70
利息收入	1,731,806,535.80	1,809,581,651.68
已赚保费		
手续费及佣金收入	1,295,066.77	954,904.85

其中，营业收入指的是公司的主营业务收入，是企业从事本行业生产经营活动所取得的。

而利息收入、已赚保费、手续费及佣金收入是企业涉及金融业务时才需要单独列报的项目。**总之，利润表上的营业收入是一个企业最核心的指标，这个指标反映了企业的规模、盈利能力和存续能力**。

对于收入来说，最难的地方在于如何确认。有人可能觉得，这有什么难的？卖出一台空调，卖出一瓶酒，确认相应的收入不就可以了吗？但实际问题要复杂很多。

在格力电器年报中查看“收入确认原则”，我们可以找到如下描述：

“收入在经济利益很可能流入本公司、且金额能够可靠计量，并同时满足下列条件时予以确认。

“本公司主要从事空调器及其配件和生活电器及其配件的生产及销售，相应收入主要包括销售商品收入、提供劳务收入、让渡资产使用权收入，其中销售商品收入包括国内销售收入和出口销售收入。”

可见**格力电器将收入分为销售商品收入、提供劳务收入、让渡资产使用权收入**，大部分公司也会把收入分为这3项。

对于销售商品收入，格力电器的确认原则是：

“公司在已将商品所有权上的主要**风险和报酬**转移给购货方，既没有保留通常与所有权相联系的继续管理权，也没有对已售出的商品实施有效控制，收入的金额、相关的已发生或将发生的成本能够可靠地计量，相关的经济利益很可能流入企业时，确认销售商品收入。”

这个描述里有三个关键点：

（1）主要风险和报酬已经转移；

（2）没有保留管理权和控制；

（3）相关经济利益很可能流入企业。

对于提供劳务的收入，格力电器的确认原则是：

“本公司在交易的完工进度能够可靠地确定，收入的金额、相关的已发生或将发生的成本能够可靠地计量，相关的经济利益很可能流入企业时确认提供劳务收入。”

这里有两个关键点：

（1）完工进度能够确定；

（2）经济利益大概率流入企业。

那么，对于完工进度该如何确定呢？格力电器的方法有两种，分别是：

（1）已经提供的劳务占应提供劳务总量的比例；

（2）已经发生的成本占估计总成本的比例。

对于让渡资产使用权的收入，格力电器的确认方法是：

“让渡资产使用权收入包括利息收入、租赁收入等。本公司在收入的金额能够可靠地计量，相关的经济利益很可能流入企业时，确认让渡资产使用权收入。”

这里的关键点依然有两个：

（1）收入的金额能够可靠计量；

（2）相关利益能够流入企业。

以上的例子说明了企业是如何按照权责发生制确认营业收入的。但是，需要注意的是，现实中也有一些收入是按照收付实现制来确认的。但这些收入都是一些不大常见的情况，罗列如下：

（1）利息、租金、特许权使用费，按照合同约定的收款日期确认收入；

（2）以分期付款方式销售货物的，按照合同约定的收款日期确认收入的实现；

（3）采取产品分成方式取得收入的，按照企业分得产品的时间确认收入；

（4）接受捐赠收入，按照收到捐赠资产的日期确认收入的实现。

二、营业收入：如何识别企业虚增了收入

上一节中，我们了解了权责发生制以及3种收入的确认方法。接下来我们再来看几个案例，看看财务舞弊者是如何利用这些会计准则虚增收入的。

1. 关联交易

2017年，乐视网发布2016年度的财务报表后，人们很快就发现了一个惊人的数据：2016年，乐视网的营业收入为219.51亿元，而向关联方销售额就高达128.68亿元，占当年总营收近六成。

大家是怎么发现这个数据的呢？打开乐视网2016年的年报，我们在“销售前五大客户”这一部分可以找到如下数据，如表2–2：

表 2–2 乐视网 2016 年销售前五大客户

单位：万元

客户名称	交易内容	销售额（不含税）	占年度销售总额比例
乐帕营销服务（北京）有限公司	销售货物、销售会员	587,510.8	26.7%
乐视智能终端科技有限公司	销售货物	160,273.48	7.29%
乐视移动智能信息技术（北京）有限公司	销售会员、技术服务、CDN 服务等	150,125.23	6.83%

续表

客户名称	交易内容	销售额（不含税）	占年度销售总额比例
北京东方车云信息技术有限公司	销售货物、销售会员	57,425.97	2.61%
Le Corporation Limited	销售货物、CDN 服务	24,457.02	1.11%
合计		979,792.5	44.56%

通过这个表格，我们可以发现，乐视网的前五大客户全都是自己的子公司，都是自己人。另外，在“关联交易情况”部分，我们还可以找到乐视网的每一个关联方究竟和乐视网发生了多少交易。经过统计，这一数据是128.68亿元。

关联交易过多，会有什么样的风险呢？最容易想到的风险就是，这些关联交易很有可能全都是伪造的，只是为了装点门面而发生的虚假交易。打个比方，这就好像一位爸爸卖了一台电脑给自己的儿子，作价1亿元。儿子当然乖乖地签了合同，收下了电脑。只是这1亿元，他肯定是支付不起的。实际上，这位爸爸也并不打算让儿子真出这1亿元。根据权责发生制，不管儿子未来是否付款，他的爸爸都可以在今年的利润表上记录下1亿元的营业收入，同时在资产负债表记录下1亿元的应收账款。如果这位爸爸有10个儿子，就可以用同样的方法来卖电脑，那么一年就可以创造出10亿元的收入来。

事实证明，乐视网的这些“儿子们”的确都是穷光蛋。在2017年度的财报中，乐视网对应收账款进行了大幅减值，大部分的坏账都是由这些子公司产生的。所以，如果我们在看年报的时候，发现公司的关联交易数额过大，那就得提起十二分小心了。

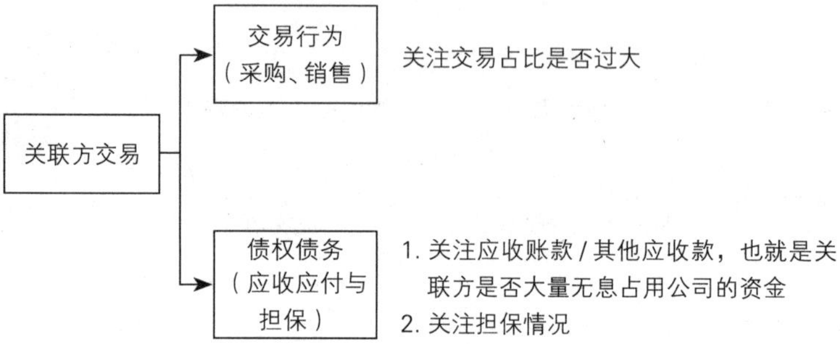

图2-1　关联交易类型

乐视网的这个关联交易算是比较光明正大的了，有些公司搞关联交易，是很难被发现的。上市公司神马股份①就是典型代表。

2016年12月22日，证监会给神马股份下发了《行政处罚决定书》，认定神马股份2014年及2015年上半年，共虚增营业收入78.5亿元。

神马股份的操作手法比较隐晦，公司并没有直接与子公司开展关联交易，而是找了一个表面上跟上市公司没有任何关系的“独立第三方”作为中转站。先和第三方发生购销合同关系，然后第三方再和子公司发生购销合同关系。

由此可见，如果公司不主动披露关联方的存在和关联关系，要想看出虚增收入行为是很不容易的。但是，要想人不知，除非己莫为。无论多么高明的财务舞弊高手，都一定会在某些科目上露出马脚。这时候，就需要我们借助其他指标来做判断了。比如，是否突然出现了重大交易。

在神马股份的案例中，公司2014年第四季度的收入突然大幅上涨了

① 神马实业股份有限公司属于纺织化纤行业，主要生产经营地毯用丝。公司是亚洲最大的帘子布生产基地，并具有涤纶帘子布、半钢丝帘子布、BCF地毯丝、工程塑料、橡胶轮胎等产品的研制、开发、生产能力，连续多年名列全国500家最大规模工业企业和全国500家最佳经济效益企业行列，1992年被国务院六部委评定为特大型企业。

83.83%，占到全年的45.6%。

当然，这些数据并不能说明什么。因为有些公司的收入受季节性影响较大，收入主要来自第四季度。但是，通过对比神马股份2013年的收入情况，可知神马股份的收入并不存在季节性因素。那么，在年末出现大金额的交易，意味着公司在第四季度突然间签了大单。发现这个疑点后，我们就可以结合其他财务指标来综合判断了。

2. 虚构业务

所谓的虚构业务，就是指企业通过虚拟销售对象及交易，对并不存在的业务，按正常经营程序进行模拟运转，包括伪造订单合同、账户收入、发运凭证、开具相关的业务发票等一系列操作。

2017年3月，证监会重点披露了浙江九好办公服务集团有限公司（以下简称“九好集团”）与上市公司鞍重股份的“忽悠式”重组案件。在这个案件中，九好集团通过多达6层资金暗道，召集200多家供应商，以虚构业务、虚签合同、虚减成本、虚增收入、虚构存款等方式，把不良资产溢价包装成价值优良资产，与鞍重股份联手进行“忽悠式”重组。宣布重组计划后，鞍重股份的股价也在15个交易日内，从26.17元暴涨到了87.79元。

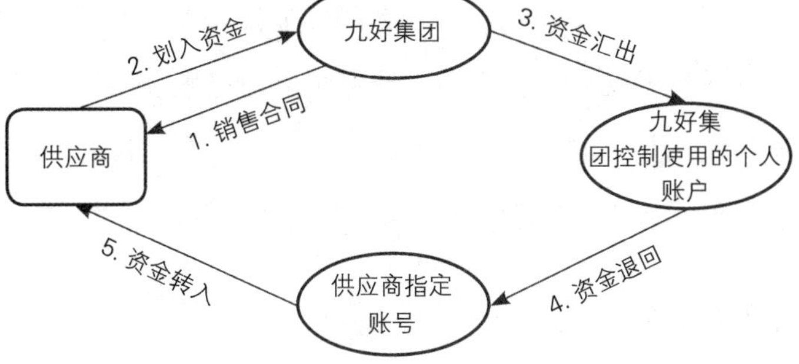

图2-2 九好集团虚增收入的方式

首先，九好集团通过与各家供应商签订虚假业务合同来确认服务费收入。后来，九好集团把这种模式也应用到了贸易收入的虚增上。然后，九好集团把收到的货款汇到九好集团控制的个人账户上。最后，这些个人账户再把资金汇入供应商指定的账户，再由供应商自己把资金回笼，从而完成闭环。

通过这一系列眼花缭乱的操作，九好集团在2013年至2015年涉嫌虚增营业收入金额达2.65亿元，其中，这3年虚增的营业收入金额占其披露的营业收入比例分别为6.93%、27.65%、38.49%；相应的3年虚增利润是2.55亿元，占其披露的利润总额的53.37%。

前面几个章节中已经说过，只要虚增了利润，一定会通过虚增资产来进行消化。利用本书之前介绍的知识，一般都能找到造假的线索。

3. 虚构海外业务

利用国内外信息的不透明进行财务舞弊，也是上市公司的惯用伎俩。

在对神雾集团的质疑中，叶檀指出："神雾节能2016年的业绩主要靠印尼大河镍合金有限公司一家撑起，贡献了6.37亿营收，占全年总营收的比重高达73.66%，并且这家公司比较傻，贡献的毛利率也比境内高39.77%。"后来的事实证明，这里面的确有不小的问题。

我们发现某家上市公司的收入中，大部分来自海外，尤其是一些偏远落后的国家时，就得保持警觉了。一方面，我们可以通过现金流量表，看一看经营性活动现金流与收入是否能够匹配；另一方面，就是要通过资产负债表上的应收账款、固定资产、无形资产等项目，看一看是否存在异常情况。

4. 提前确认收入

提前确认收入的操作主要指提前确认加盟费、预充值金额，收入确认先于销售业务的完成。这种虚增收入的方式往往因为金额分散、方法隐秘，所以仅仅根据财务数据往往很难识别。

2015年7月29日，迪马股份发布公告称，接到证监会通知：通过对销售合同、入伙通知书寄送情况、业主接房情况等的抽查，发现迪马股份2014年度存在因未按合同约定寄送入伙通知、未完全转移与房屋相关的后续处置权、未完成审批流程等原因提前确认收入的问题，相关房屋共计74套，对应金额为1.68亿元。

作为投资者，我们要如何识别这种情况呢？

既然是提前确认收入，那么在资产负债表部分，所对应的就是“预收账款”。这给了我们一个观测的角度。

通过研究发现（见图2–3），迪马股份2014年第二和第三季度的预收账款的增长率非常高，分别是265%、264%。但是，到了2014年第四季度，却迅速下降

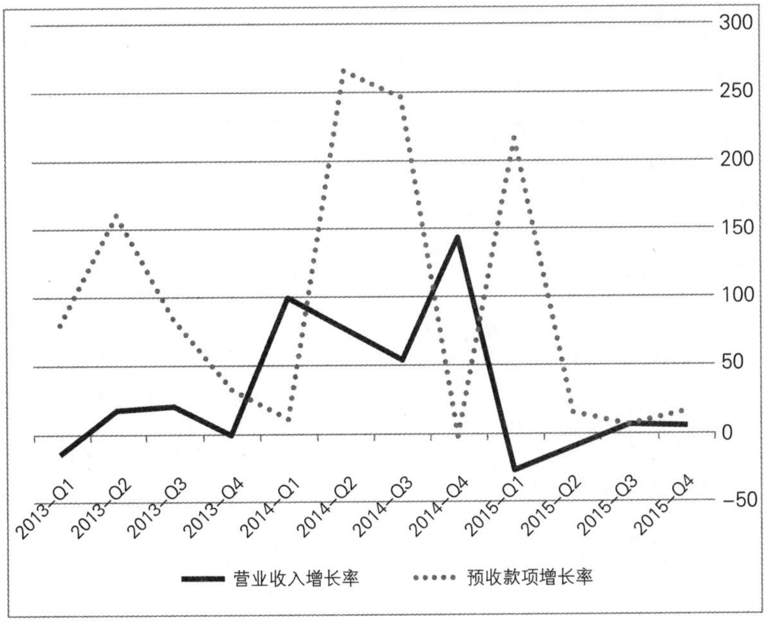

图2–3 迪马股份2013至2015年预收与营收增长率的比较

到-2%，在2015年一季度又迅速回升为214%。对应的2014年年度销售收入增长为43.27%，而相应的前后季度的销售收入增长均处于较低水平。

因此，只要认真研究预收款项为何大幅波动，以及通过调研上下游产业，就容易找到问题的症结所在。

三、毛利率：太优秀也是一种错

笔者在前面的章节中，多次提到“毛利率”这个词。无论是投资人，还是企业家，都非常关注这个指标，因为毛利率是证明一个企业优秀的关键指标。本节中，笔者就来详细讲讲这个概念。

1. 什么叫毛利率

所谓的毛利率，就是指毛利与营业收入（或销售收入）的百分比。

那么毛利又是什么呢？毛利是指主营业务收入与主营业务成本之间的差额。用公式来表示毛利率就是：

毛利率＝毛利÷营业收入×100%＝（主营业务收入–主营业务成本）÷主营业务收入×100%

营业收入的概念我们已经在上一节当中介绍，下面我们来了解下什么叫营业成本。

打开任何一家公司的利润表，我们会发现，营业总收入的下面，就是营业总成本。营业总成本包括了营业成本、营业税金及附加、营业费用（销售费用、管理费用和财务费用）、资产减值损失等。其中，**营业成本，是指期内销售产品的存货价值**；营业税金及附加，指营业过程中无论是否盈利都需要缴纳的税费，包括营业税、消费税、城市维护建设税、资源税、教育费附加以及其他税费；营业费用包括销售费用、管理费用、财务费用，被称为“三费”；资产减值损失包括对固定资产、无形资产、商誉、存货、应收账款等资产的减值。

值得注意的是，在计算毛利率时，要用“营业成本”这个数字，而不是“营业总成本”。

投资人和企业家都很关心产品的毛利率。如果一个公司的毛利率明显高于行业其他竞争对手的毛利率，说明这家公司的产品具有很强的竞争优势。比如，在所有白酒企业中，贵州茅台的毛利率就达到了惊人的89.8%。而排名第二的古井贡酒，毛利率只有76.43%，如表2–3：

表 2–3　各大酒业上市企业 2017 年年报销售毛利率

上市公司简称	销售毛利率（2017 年）
贵州茅台	89.80%
古井贡酒	76.43%
口子窖	72.90%
五粮液	72.01%
山西汾酒	69.84%
洋河股份	66.46%

注：表格数据来自各公司2017年年报。

反过来说，如果一个公司的毛利率显著低于行业平均水平，说明这家公司的产品缺乏竞争力。

2. 优秀得不太真实，往往是假的

有时候，一个公司的毛利率很高，但是又说不出原因，会给人一种“优秀得不太真实”的感觉，这时候我们就要警惕了，这种优秀往往是假的。

2017年12月，主营IPTV和网络广播电视台运营的重庆广电IPO被否决，惊动了整个视频行业。在证监会发审委给出的众多否决原因中，一个很重要的理由是：毛利率太高了。在招股说明书中，重庆广电列出它在2014—2017年的毛利率分别是42.02%、57.39%、61.97%、62.27%，远远高于同行业可比上市公司平均值。报告期内，重庆广电与同行业上市公司毛利率对比情况，如表2-4：

表 2-4　重庆广电与同行业公司毛利率对比

公司简称	2016 年 1—6 月	2015 年度	2014 年度	2013 年度
东方明珠	20.52%	21.79%	45.47%	45.93%
其中：IPTV 及 OTT 收入	53.74%	50.25%	50.43%	49.40%
华数传媒	45.22%	44.25%	42.14%	44.15%
电广传媒	27.84%	31.20%	32.29%	37.31%
乐视网	14.90%	14.63%	14.53%	29.33%
歌华有线	28.14%	19.99%	15.16%	9.41%
可比上市公司平均值	27.32%	26.37%	29.92%	32.23%
重庆广电公司	64.43%	57.39%	42.02%	39.98%
公司 IPTV 业务	78.82%	72.06%	54.67%	44.01%

注：表格数据来自重庆广电招股说明书。

通过这个表格我们会发现，重庆广电的毛利率不仅高于平均水平，而且还远远甩开了行业老大华数传媒和电广传媒，甚至还高于“吹牛不怕事儿大”的乐视网。尽管重庆广电列出了一大堆理由来解释自己为何这么优秀，但是发审委的专家们完全不相信。就这样，重庆广电的上市梦破碎了。

相同的案例还有台海核电。该公司2017年年报显示，公司主打的几款产品，毛利率基本在70%以上，最高的甚至达到了88.02%。

综合下来，该公司2017年的毛利率为67.93%，如表2-5：

表 2-5　台海核电 2015—2017 年相关统计

单位：亿元

项目	2015 年	2016 年	2017 年
营业收入	3.94	12.1	24.7
营业成本	3.74	7.81	12.5
净利润	0.271	4.17	10.4
毛利率（%）	49.43	57.19	67.93
净利率（%）	6.88	34.46	42.11

注：表格数据来自台海核电2015—2017年财报。

用他们自己的话来说，台海核电产品的毛利率之所以这么高，是因为具有远超于同行业竞争对手的盈利能力。

而行业的正常水平是多少呢？资料显示，在核岛设备、常规岛设备和辅助系统三大类核电设备中，技术含量最高的核岛设备的毛利率普遍在40%—50%左右。而台海核电主营的主管道产品毛利率一般在50%左右。

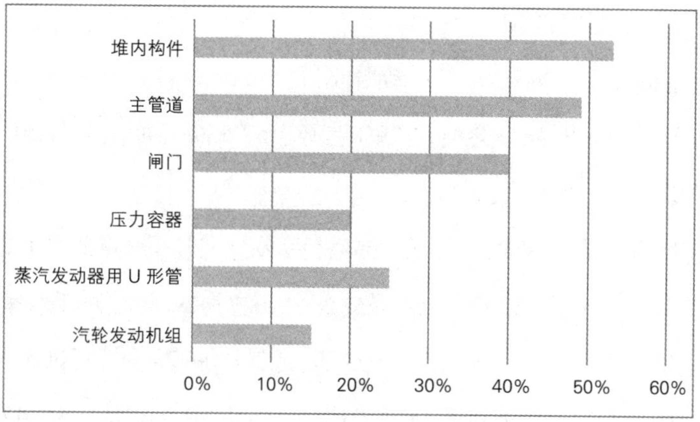

注：图中数据根据《中国核电设备行业市场调研及未来趋势报告（2018版）》整理。

图2-4 核电站主设备毛利率

国内的核电主设备供应商主要有石兰重装、浙富控股、哈尔滨电气、中国一重、应流股份、四川三洲核能、台海核电等。

这些企业的毛利率是多少呢？请看图2-5：

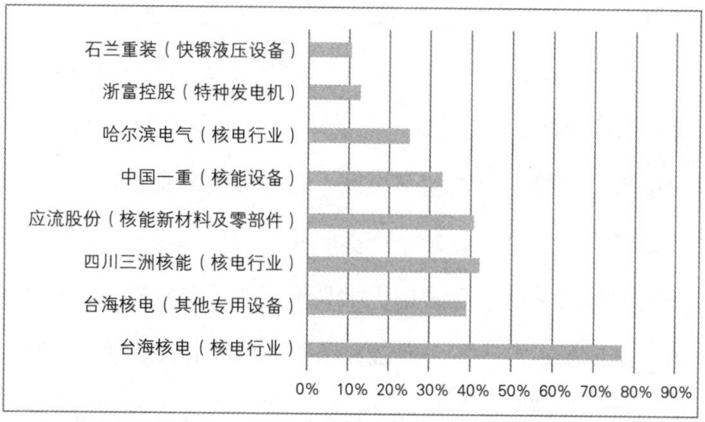

注：图中数据均根据各企业2017年财报中相关资料整理。四川三洲核能毛利率数据来自广东群兴玩具股份有限公司于2015年12月22日披露的《广东群兴玩具股份有限公司发行股份购买资产并募集配套资金暨关联交易预案》中补充披露的三洲核能报告期内的毛利情况。

图2-5 国内厂商的核电设备毛利率

台海核电的毛利率甩了同行一大截。不仅如此，台海核电2017年的毛利率甚至还超出了他们自己的预料。

台海核电借壳上市时，曾在《新增股份上市说明书》中提到，台海核电资产注入后，公司销售毛利率会由17.29%上升至57.55%。而实际在2017年的年报中，毛利率却一下子飙升到67.93%。

稍微有点常识的人都知道，一个公司的毛利率要想上升一点点都很难。而台海核电却在2017年一年内，一下子增长了10个点，是什么原因呢？是整个行业的毛利率都在提升，还是因为公司推出了新的产品？如果都不是的话，这个毛利率提升就很难让人信服。

曾经，辉山乳业也对外声称自己很优秀，净利率远超蒙牛和伊利。但是，由于没法证明自己为何这么优秀，被浑水[①]做空，股价跌去了90%。

曾经，神雾节能也说自己很优秀，毛利率高达60%多，而之前公司预估自己的毛利率是36.62%，同行业的正常水平也不过是30%多。后来事实证明，全都是假的。

举这些例子，笔者就是想告诉大家，当我们发现一个公司的毛利率很高时，有可能是真的找到了黑马，也有可能是遇到了骗子。究竟是黑马还是骗子，需要我们擦亮眼睛，深入分析公司的业务和"护城河"是否能支撑起这样的高毛利。

那么，是不是只要公司的毛利率低，就一定不是好公司呢？其实也不然。2018年上市的小米，就是一个毛利率很低、经营亏损的企业。而创始人雷军似乎并不以为然，他曾说："高毛利是一条不归路，会变成用户的敌人，因为许多公司为了提高毛利率都会从两方面考虑：提高价格与控制成本。然而，提高产品价格就是在与用户慢慢变成敌人，一旦控制成本就会慢慢变成偷工减料。"因此，如何做成一个伟大的公司，就要看该公司到底有没有勇气限制毛利率。

毛利率只是给了我们观察企业的一个视角，它的高低并不能定义企业的好坏，而是需要结合其他的财务数据来综合判断。

① 一家通过揭露上市公司虚假信息来做空其股价的商业调研机构。

四、营业费用：如何才能花小钱办大事

上一节介绍了“毛利率”的概念，毛利率可以反映一个企业的赚钱能力。本节中，笔者将介绍“费用率”的概念。这个指标反映的是一个企业花钱的能力。怎么样才叫“会花钱”呢？在笔者看来，会花钱就是要“花小钱，办大事”。那么，费用包括哪些呢？

1. 销售费用

在讲营业总成本时，笔者曾经提到过，**营业费用包括：销售费用、管理费用、财务费用**。在实践中，我们常常称之为“三费”。其中，**销售费用，是指为销售商品（或服务）产生的费用**。比如，广告费、促销费、保险费、运输费、装卸费、销售人员的工资福利及提成、销售机构的固定资产折旧费等。

如果销售收入出现了增减，那么销售费用就会以差不多的比例增减。如果销售费用和销售收入的增减比例相差很大时，你就得特别注意，并且重点分析下原因是什么。另外，还要关注销售费用占销售收入的比例，如果占比高于行业平均水平，说明公司的产品或服务缺乏竞争力，或者可能正处于产品推广期。

举个例子，在所有白酒企业中，贵州茅台的销售费用率是最低的。而且，贵州茅台还有一个比较特别的地方，那就是每年的销售费用竟然都低于管理费用。要知道，对于酿酒这种消费品行业，每年最大的支出都在广告等销售费用上，而茅台的销售费用为什么会低于管理费用呢？这说明，茅台具有独特的品

牌效应，从而大大降低了销售费用。

表 2-6　白酒行业各公司期间费用率对比

单位：亿元

公司简称	销售费用	占营业收入比重	管理费用	占营业收入比重	财务费用	占营业收入比重
贵州茅台	29.90	5.14%	47.20	8.11%	−0.56	−0.10%
五粮液	36.30	12.02%	22.70	7.52%	−8.91	−2.95%
古井贡酒	21.70	31.13%	6.04	8.67%	−0.26	−0.37%
山西汾酒	10.80	17.88%	5.46	9.04%	−0.15	−0.24%
百润股份	4.37	37.35%	1.28	10.94%	0.04	0.36%

注：表格数据来自各企业2017年财报。

表 2-7　贵州茅台 2015—2017 年期间费用率对比

单位：亿元

年份	销售费用	占营业收入比重	管理费用	占营业收入比重	财务费用	占营业收入比重
2017 年	29.90	5.14%	47.20	8.11%	−0.56	−0.10%
2016 年	16.80	4.32%	41.90	10.77%	−0.33	−0.09%
2015 年	14.80	4.53%	38.10	11.65%	−0.67	−0.21%

表 2–8 百润股份 2015—2017 年期间费用率对比

单位：亿元

年份	销售费用	占营业收入比重	管理费用	占营业收入比重	财务费用	占营业收入比重
2017 年	4.37	37.35%	1.28	10.94%	0.04	0.36%
2016 年	7.41	80.11%	1.36	14.70%	0.21	2.31%
2015 年	9.22	39.23%	1.50	6.38%	−0.18	−0.75%

注：表格数据来自百润股份2015—2017年财报。

通过表2–8的数据我们可以发现，主营预调鸡尾酒的百润股份，2015年的销售费用是管理费用的6倍，远远高于一般的酿酒企业。这是因为，预调鸡尾酒作为一个新品类，市场的接受度还不是很高。所以，需要花大量的费用来做推广。

对于消费类公司，销售费用是我们要重点关注的一个财务指标。

2. 管理费用

管理费用是指与企业管理环节有关的费用，包含管理者工资福利、工会经费、职工教育经费、行政开支、董事会经费、中介机构费用、无形资产摊销，以及管理机构资产折旧、业务招待费、计提的各类准备等。这个科目就像一个垃圾筐，各种名目的支出，各种费用的调节，都可以丢进这个筐里。

管理费用的增速一般等于或小于营业收入的增速。如果出现大于营收增速的情况时，我们也要重点关注，查出明细，分析究竟是什么原因导致的。

在管理费用中，尤其值得关注的是研发费用。

在“无形资产：乐视网的无形资产之谜”这一节中，笔者曾经讲过研发费用资本化的问题。2013至2015年，乐视网研发费用的资本化率将近60%。而华为、格力等大公司，每年研发费用上百亿，但是出于严谨性的考虑，一般会把研发支出全都费用化，资本化率一般都是0。

如果一个公司的研发费用过高，可能是因为公司在不断加大研发，确保行业的领先地位，但任何研发都有失败的可能。如果每年研发费用过高，而且大部分都资本化了，那么潜在的风险也是非常大的。

例如，上市公司积成电子[①]2013—2017年公司业绩连续下滑，2018年的一季报和半年报甚至开始出现了亏损。积成电子的亏损是什么原因导致的呢？仔细查看它的财务报表会发现，2013—2017年公司的三费支出大幅增加。其中，管理费用的增幅是最大的，如表2-9：

表 2-9　积成电子 2013—2017 年三费情况

单位：元

项目	2013 年	2014 年	2015 年	2016 年	2017 年
销售费用	7061.79 万	8668.52 万	1.04 亿	1.31 亿	1.56 亿
管理费用	1.38 亿	1.68 亿	1.98 亿	2.42 亿	2.81 亿
财务费用	−18.16 万	−72.14 万	911.72 万	2149.67 万	3890.58 万

注：表格数据来自积成电子2013—2017年财报。

那么，其管理费用过高的原因是什么呢？主要原因是公司研发费用的投入增加。其背后更深层次的原因是，国家电网公司实行变电站设备更新换代策略，从2017年开始公司不得不加大这方面的研发力度。

对于费用增加的公司，我们要弄清费用大增的原因，尤其是科技类企业、

① 积成电子股份有限公司是国家重点高新技术企业、国家规划布局内重点软件企业。

医药类企业，我们要重点关注这个公司的管理费用是否发生了变化。

3. 财务费用

财务费用主要包括三大类:

（1）自有资金利息收入；

（2）债务的利息支出；

（3）在银行等金融机构办业务支出的手续费。

这个科目主要和资产负债表的货币资金科目以及有息负债相关。视企业自有资金和有息负债的数量大小，财务费用可能为正，也可能为负。如果财务费用为负，说明公司很少甚至没有有息负债，而且还有钱存在银行产生利息。这是一种比较好的情况。如果财务费用为正，而且数字很大，那么我们就要进一步关注公司是否存在偿债风险了。

4. 费用率

现在，我们可以来了解本节开头提到的“费用率”的概念了。

费用率就是用三费总和除以营业收入。我们还可以用三费除以毛利得出的比例来判断公司的盈利能力。

假设一个公司的营收是1亿，成本是3000万，毛利是7000万，那么毛利率就是70%。假设三费总和是3500万，那么费用率就是35%，三费与毛利的比例是50%。

对于一些软件类、服务类公司，由于没有什么物料成本，所以毛利率一般都比较高。但是，这些公司最大的费用来自人力成本、研发成本等。所以，一旦扣除费用后，就会发现实际上的营业利润并不高。

通过对同行业几个公司费用率的对比，可以大概判断出公司的管理能力是领先还是落后。比如，对比春秋航空、吉祥航空和南方航空三家航空公司2017年的财务报表中的费用率（见表2-10），我们发现三家公司的费用率分别是6.76%、9.54%和9.17%。

表2-10　三家航空公司2017年费用率比较

公司简称	总费用率	销售费用率	管理费用率	财务费用率
春秋航空	6.76%	2.72%	2.29%	1.75%
吉祥航空	9.54%	4.29%	3.09%	2.16%
南方航空	9.17%	5.46%	2.82%	0.89%

注：表格数据来自各公司2017年财报。

销售费用方面，春秋航空、吉祥航空和南方航空的销售费用占收入比分别是2.72%、4.29%和5.46%，春秋航空比其他两家低1至3个百分点，由此印证了春秋航空自营销售渠道的效果，这就是低成本的魅力。

管理费用方面，三家公司的管理费用占收入比分别是2.29%、3.09%和2.82%。可以看出来，春秋航空也优于另外两家公司。

但财务费用占比方面，春秋航空和吉祥航空就比南方航空大很多了，春秋航空几乎是南方航空的2倍。这也说明，低成本航空公司在财务上会更激进一些。

五、资产减值：无处不在的“地雷”

在前面的章节中，笔者讲了很多关于“资产减值”的故事，比如乐视网的应收账款减值、无形资产减值。

实际上，固定资产、无形资产、商誉、存货、坏账、可供出售金融资产、持有至到期投资等，都有可能产生资产减值损失。当这些资产出现减值迹象时，都会记录在利润表的“资产减值损失”这个科目中。下面，笔者就系统介绍下资产减值损失这个科目。

1. 常见的几种资产减值损失

不同类型的企业，出现减值损失的资产往往不同。比如，对于软件类、农业类企业，往往会出现存货减值的问题；对于并购比较多的企业，一般会出现商誉类的资产减值；对于金融资产比较多的企业，常常会出现金融资产的减值损失。所以，对于不同的企业，我们关注的重点就不一样。下面我们来回顾下几种资产减值的情形：

（1）存货减值损失

通过前面章节的介绍，我们已经了解到，存货是以采购成本入账。随着时间的推移，存货的账面价值可能因市场价格变动、意外损毁、过期变质或自然损耗等原因发生价格下跌甚至灭失等情况。企业往往定期开展存货盘点，当发现上述情况，需要计提存货跌价准备。

2018年2月5日，獐子岛发布公告称，根据其扇贝存货2017年年终盘点，由于降水减少、海水升温等原因，大量扇贝“饿死”，这一次的扇贝“饿死”事件让公司合计核销、计提跌价准备6.29亿元。

同样的异常事件发生在2014年，獐子岛突发公告称，由于海洋牧场发生重大自然灾害，扇贝大量死亡，造成了7亿元的损失。

存货减值对獐子岛的业绩造成了很大的冲击，甚至产生了很大的信任危机。很多投资人之所以不愿意买农业类股票，正是由于对存货减值损失的担忧。

表 2-11　獐子岛 2014—2017 年财务数据

单位：亿元

年份	营业收入	资产减值损失	营业利润
2017 年	32.1	1.00	−1.22
2016 年	30.5	0.05	0.173
2015 年	27.3	0.4888	−3.08
2014 年	26.6	3.99	−6.21

注：表格数据来自獐子岛2014—2017年财报。

（2）商誉减值损失

2013至2015年，中国资本市场掀起了一股轰轰烈烈的并购狂潮，很多上市公司因此积累了大量的商誉。华谊兄弟就是其中一个。

华谊兄弟的商誉不算多，只有30.5亿元，占总资产的15.12%，净资产的28.87%，但是问题却不小。华谊兄弟2017年的年报显示，给公司带来最多商誉的2家公司分别是：东阳美拉、东阳浩瀚，如表2-12：

表 2-12　华谊兄弟 2017 年商誉构成

单位：元

被投资单位名称或形成商誉的事项	年初余额	本年减少（元）	本年增加	年末余额
		企业合并形成的	处置	
北京华谊兄弟音乐有限公司	32,694,922.45	—	—	32,694,922.45
天津滨海新区华谊启明东方暖公关顾问有限责任公司	75,880,817.21	—	—	75,880,817.21
浙江常升影视制作有限公司	244,994,038.11	—	—	244,994,038.11
新圣堂（天津）文化传播有限公司	16,450,000.00	—	—	16,450,000.00
深圳市华宇讯科技有限公司	231,782,380.95	—	—	231,782,380.95
广州银汉科技有限公司	535,677,239.15	—	535,677,239.15	—
北京华远嘉利房地产开发有限公司	48,664,256.43	—	—	48,664,256.43

续表

被投资单位名称或形成商誉的事项	年初余额	本年减少（元）	本年增加	年末余额
		企业合并形成的	处置	
天津欢颜广告有限公司	240,000,795.00	—	—	240,000,795.00
浙江东阳浩瀚影视娱乐有限公司	749,016,153.43	—	—	749,016,153.43
浙江东阳美拉传媒有限公司	1,046,504,762.79	—	—	1,046,504,762.79
GDC Tech BVI	348,583,386.97	—	—	—
合肥活力天行电影城有限公司	—	12,222,410.46	—	12,222,410.46
合计	3,570,248,752.49	12,222,410.46	535,677,239.15	3,046,793,923.80

其中，东阳美拉是冯小刚的公司。在2015年成立两个月后，华谊兄弟就宣布以10.5亿元的价格收购东阳美拉70%的股权，收购时东阳美拉的净资产只有-0.55万元。当时，冯小刚与华谊兄弟签下了长达5年的利润对赌协议，承诺到2016年底完成至少1亿元的净利润，未来4年，每年递增15%。也就是说，5年累计为6.74亿元。

另外一家公司东阳浩瀚，它的股东也大有来头，包括了多位明星艺人，比如李晨、冯绍峰、郑恺、陈赫、杨颖等。2015年年底，华谊兄弟斥资7.56亿元收购了该公司70%的股权，并产生了高达7.49亿元的商誉。这些明星承诺，到2015年年底，至少完成0.9亿元的净利润；未来4年，每年递增15%，5年累计为6.06亿元。

据此，我们可以来算笔账，华谊兄弟收购东阳浩瀚的对价是7.56亿元，而该公司5年承诺业绩累计为6.06亿元，就算李晨等人100%地完成了对赌，扣除掉30%的少数股东损益后，华谊兄弟的这次并购会亏损3.32亿元，具体计算方法是：7.56−6.06×（1−0.3）=3.32（亿元）。

同样的，就算冯小刚在5年内顺利完成了利润对赌，华谊兄弟也会亏损5.78亿元。

有人可能会说，这仅仅是这两家公司5年以内的净利润，5年后，只要公司还在经营，就会继续为公司贡献利润啊。但是，我们仔细想想，如果华谊兄弟收购的是茅台酒厂，那我们完全有信心，5年后茅台公司的业绩不会出问题。因为茅台的品牌地位已经确立了，不论管理团队换成谁，影响都不会太大。但是，艺人成立的这种传媒公司，对导演和明星的依赖程度非常大。一旦核心人员离职，那么这些公司基本就相当于是一个空壳公司了。

这种可能性是否存在呢？笔者觉得可能性很大。俗话说，铁打的营盘，流水的兵。等到5年后，利润对赌完成了，这些大导演、大明星就算是完全解脱了。无论在法律上，还是道义上，他们都没有义务继续为公司效劳了。他们完全可以重新注册一个公司，继续接广告，拍电影，挣到的钱都是自己的，谁也不会傻到把挣到的钱白白贡献给上市公司吧？2020年2月5日，华谊兄弟收到深交所关注函，函中要求其说明的问题，就包括了计提商誉减值准备的具体情况。

所以，笔者觉得对于这种收购，华谊兄弟应该像对无形资产进行摊销一样，每年都要对商誉进行减值。否则，越到后期，风险就会越大。实际上，除了华谊兄弟，还有很多影视公司、游戏公司都存在着类似的问题。我们在选股时，一定要注意商誉过大、存在减值风险的公司。

（3）应收账款和无形资产减值

乐视网的财务报表有很多问题，其中一个比较突出的问题就是关联交易过大而且应收账款增速远超过营收的增速。到了2016年年底，乐视网应收账款高达86.9亿。不仅如此，乐视网应收账款的质量也比较差，表现在回收率特别低，存在极大的坏账风险，如表2–13：

表 2–13　乐视网 2013—2016 年应收账款计提情况

单位：亿元

账龄	2016 年	2015 年	2014 年	2013 年	坏账计提比例
1 年以内	76.75	28.35	17.19	8.94	3%
1—2 年	10.39	5.01	2.07	0.87	10%
2—3 年	3.16	1.87	0.48	0.05	25%
2013—2014 年 1 年内应收账款转化率					23%
2014—2015 年 1 年内应收账款转化率					29%
2015—2016 年 1 年内应收账款转化率					37%
2013—2015 年 2 年内应收账款转化率					21%
2014—2016 年 2 年内应收账款转化率					18%
2013—2014 年 1—2 年内应收账款转化率					55%
2014—2015 年 1—2 年内应收账款转化率					90%
2015—2016 年 1—2 年内应收账款转化率					63%

另外，乐视网的无形资产也多得不正常，截至2015年年底，乐视网的无形资产高达48.79亿元，其中影视版权就有38.30亿元。

与乐视网一样做视频网站的优酷土豆，每年的影视采购量比乐视网高，而截至2015年9月份，优酷土豆的无形资产是15.37亿元。这意味着，乐视网的无形资产比优酷土豆多了30多亿，影视版权比优酷土豆至少多出20亿。

为什么会产生这么大差异呢？在前面的章节中我们分析过，乐视网主要采取直线摊销法，而优酷土豆采取的是加速摊销法。乐视网的摊销方法是不符合影视版权的属性的。

到了2018年，人们对于乐视网的种种质疑全都得到了验证。2018年4月，乐视网正式披露了2017年年报，年报显示：2017年，乐视网竟然巨亏了138.78亿元！其中，各项资产减值损失一共有108.82亿元，包括了60.94亿坏账损失以及32.8亿的无形资产减值损失。

2. 提防利润操纵

由于资产减值损失大多依靠企业自身的评估和判断，主观依赖性较强，因此很有可能成为企业操纵利润的手段。

以存货为例，根据会计准则，在对存货做减值测试时，预计存货可收回金额小于账面价值时，就应当计提存货跌价准备，那么究竟要计提多少，就有很大的操作空间。另外，存货跌价准备在一定条件下还可以转回，转回的金额会增加当期利润，但是这个条件的判断也没有标准，因此存货跌价准备转回金额的多少也有了操作空间。

企业为了当期利润数据好看，可以计提较少的存货跌价准备。更常见的做法是，先在当期大幅计提存货跌价准备，俗称“洗大澡”；然后第二年再把减值转回来进行利润调节。

举个例子，2019年4月份，素有“中国南船”之称的著名造船企业中国船舶，被上交所实施退市风险警示，原因是中国船舶前几年的业绩持续下滑，2016年和2017年连续两年出现了巨额亏损。为什么会有这么大的亏损呢？这跟它大幅计提存货跌价准备有很大关系。

2016年中国船舶全年存货跌价损失为37.6亿元，占存货平均账面余额的22.22%。2017年中国船舶继续大幅计提存货跌价准备26.9亿元，占存货平均账面余额的18.13%。但是，到了2018年，画风却突然间发生了剧变——公司2018年一季度报表显示，截至一季度末，公司资产减值损失为9140万元，较年初减少9636万元，其主要变动原因是之前计提的存货跌价准备转回了。与此同时，公司一季度就扭亏为盈，产生了7198万元的净利润。

表 2–14　ST 船舶 2016 至 2018 年一季度资产减值损失和净利润情况

年份	资产减值损失	净利润
2018 年一季度	9,140 万元	7,198 万元
2017 年	26. 9 亿元	–25. 4 亿元
2016 年	37. 6 亿元	–30. 2 亿元

注：表格数据来自ST船舶2016年、2017年财报及2018年一季度季报。

我们来横向比较一下其他造船企业的经营情况。据年报披露，中国重工2017年全年存货跌价损失18.71亿元，占存货平均账面余额的4.29%；中船防务2017年全年存货跌价损失1.96亿元，占存货平均账面余额的1.69%。

由此可见，中国船舶在2017年计提的存货跌价准备的绝对数额以及占存货平均账面余额的比重都远远高于同行。那么，我们就有理由怀疑，中国船舶在2017年大幅计提存货减值，是为了在2018年将减值转回，从而避免退市风险。

六、其他经营收益：汇兑等对利润的影响

利润表上，究竟该如何计量人民币贬值所带来的影响呢？要找到这些问题的答案，我们必须了解一个概念，那就是“其他经营收益”。

1. 其他经营收益

我们在前面的章节中已经了解了营业总收入和营业总成本的主要内容。有人可能很自然地会想，用营业总收入减去营业总成本，应该就是营业利润了吧？实际上并不是。

在利润表中，还有一个部分叫“其他经营收益”。用营业总收入减去营业总成本，再减去其他经营收益，才能得到营业利润这个关键指标。

其他经营收益包括：公允价值变动收益、投资收益、汇兑收益这3块内容。其中，公允价值变动收益和投资收益，在前面的章节中已经或多或少地出现过。下面我们再来回顾一下。

公允价值变动收益，是指交易性金融资产变动和以公允价值模式计量的投资性房地产本期变动所产生的。所以，公允价值变动损益这个科目的变化，主要来自资产负债表中的“交易性金融资产”以及“投资性房地产”这两个科目。如格力电器在2017年年报中披露的“产生公允价值变动收益的来源”中主要来自“衍生金融工具”和“以公允价值计量且其变动计入当期损益的金融资产”这两类“交易性金融资产”，如表2–15：

表 2-15 格力电器 2017 年公允价值变动收益的组成

单位：元

产生公允价值变动收益的来源	本期发生额	上期发生额
衍生金融工具	7,166,906.37	1,093,332,134.65
以公允价值计量且其变动计入当期损益的金融资产	2,045,597.22	
合计	9,212,503.59	1,093,332,134.65

投资收益，包括对外投资分得的股利、持有债券收到的利息、股权投资到期收回的对价或到期前转让的价格与投资的账面价值的差额。在这里，特别值得注意的是，合并利润表中的投资收益，主要来自对合营或联营企业的投资，按照权益法所获得的投资收益。所以，“投资收益”这个科目，主要对应着资产负债表中的“持有至到期投资”“可供出售金融资产”“长期股权投资”这3个科目。表2-16是格力电器2017年投资收益的主要构成：

表 2-16 格力电器 2017 年投资收益构成

单位：元

项目	本期发生额	上期发生额
权益法核算的长期股权投资收益	6,487,470.38	8,034,445.96
衍生金融工具取得的投资收益	252,052,529.00	-2,499,880,308.06
可供出售金融资产在持有期间的投资收益	72,438,288.71	106,026,836.37
处置可供出售金融资产取得的投资收益		118,210,455.91
理财产品投资收益	65,669,850.23	46,252,245.27
合计	396,648,138.32	-2,221,356,324.55

2. 汇兑收益：受人民币汇率影响

汇兑收益就是指企业持有外汇资产或负债（例如外币、外汇存款、外汇应收应付款、外币计价的债务等）期间，因为汇率变化而产生的损益。

要特别注意的是，**只有非本币的货币性资产及负债才会带来汇兑损益**。也就是说，在中国，只有非人民币计价的资产和负债才会产生汇兑损益。你可以这么来理解，如果人民币资产也可以产生汇兑损益的话，那么只要人民币的汇率出现变动，所有中国企业的业绩都会发生变动。这显然是不现实的。

如何计算汇兑损益呢?

举个例子：假设一家企业7月进口了200万美元的设备，其中100万美元7月初支付，还有100万美元8月末支付。假如7月初的美元汇率是6.65，而8月末的美元汇率是6.85，本币是人民币。那么，在7月份采购设备时，这台价值200万美元的设备价值折合人民币是1330万。企业先付的100万美元，所需要的人民币是665万元。等到8月末企业支付余下的100万美元时，企业需要向银行按美元汇率6.85购汇，所以实际支付的金额是685万人民币。这685万中，665万是设备价值，20万就是汇兑损失（汇兑损益包括了汇兑收益与汇兑损失两种情况）。这是实际发生的汇兑损益。

如果8月份不支付，是不是就不产生汇兑损益呢? 答案是否定的。在会计核算上，企业每个月末都要按照最新的汇率，对外汇资产和负债进行重新核定，并与账面价值比较，将差额记入汇兑损益。所以，即便8月不支付，依然会产生汇兑损益。

通过以上分析，我们可以知道，如果人民币出现贬值，作为一个企业，它希望能有更多的外汇资产，因为它可以换到更多的人民币。相反，如果这时候企业拥有很多的外汇负债，那么就意味着，它要用更多的人民币去还债，从而导致公司的利润下滑。

比如航空股，就属于外汇负债比较多的情况。假设一段时间内美元兑人民币贬值的幅度为6.25%。由于航空燃油在航空运输板块的总成本中占比约30%，其中航空煤油占绝对比例；同时，航空煤油的60%至70%来自进口。这意味着，人民币每贬值1%，航空运输企业成本会增加0.18%。人民币贬值6.25%，航空运输企业成本就会增加1.13%。也就是说，每100亿元成本会额外增加1.13亿元的成本。三大航空公司，中国国航、东方航空、南方航空的营业成本都在1000亿元左右。

不过，对于一些经常需要外购的企业，他们并不会任由汇率波动，成为待宰的羔羊。他们会采取一些降低汇率波动的办法，如通过远期的NDF进行对冲，或者通过汇率掉期，规避汇率带来的风险。

3. 营业利润

最后，我们再来了解下营业利润的概念。

和毛利一样，**营业利润是企业的核心指标之一，反映了企业主营业务的盈利能力和市场竞争力**。不过也有人认为，真正的营业利润应该排在其他经营收益之前。因为，公允价值变动收益、投资收益、汇兑收益，并不能反映企业在主营业务方面的经营能力，只能反映企业的投资能力。正因如此，也有人用营业总收入减去营业总成本，获得营业利润来反映企业的经营能力。

不管怎么样，投资人一般都比较关注营业利润以及营业利润率的变化，一方面会将其跟同行业的其他公司相比，另一方面也会和企业本身的历史趋势相比，从而判断企业在整个行业中处于什么样的竞争地位，以及是变得更好了还是变得更差了。

七、营业外收入：挣到这样的钱不算本事

在本节中，我们来了解一下“营业外收入”这个科目。

1. 营业外收入——经营以外的收入

打开皖新传媒2016年年报中的利润表（见表2-17）我们可以发现，2016年，皖新传媒的营业外收入开始大增，从2015年的将近4800万，增加到了4.6亿多，增长了将近9倍。

表 2-17 皖新传媒 2016 年合并利润表

单位：元

项目	附注	本期发生额	上期发生额
三、营业利润（亏损以“一”号填列）		687,976,503.00	777,705,353.71
加：营业外收入		460,488,896.06	47,910,454.73
其中：非流动资产处置利得		396,813,684.43	736,431.67
减：营业外支出		57,037,107.22	42,303,286.23
其中：非流动资产处置损失		5,158,409.09	845,740.60

注：表格数据来自皖新传媒2016年财报。

通过合并利润表我们还可以知道，皖新传媒的营业外收入主要来自非流动资产处置利得。这些非流动资产是什么呢？年报显示，2016年一年中，皖新传媒通过在产权交易中心公开挂牌转让的方式，处置了8处自有的门店物业。这些

物业，都是公司之前所开设的新华书店。

2017年，公司继续处置这些物业，又带来了4.09亿元的资产处置利得。

皖新传媒2016年和2017年的净利润都在10亿以上，扣除这些非经常性损益后的净利润依然在6亿左右，如表2–18：

表 2–18　皖新传媒 2015—2017 年财务指标

单位：元

主要会计数据	2017 年	2016 年	本期比上年同期增减（%）	2015 年
营业收入	8,709,511,777.24	7,593,532,197.23	14.70	6,581,342,430.19
归属于上市公司股东的净利润	1,116,677,087.29	1,058,671,100.50	5.48	772,766,161.32
归属于上市公司股东的扣除非经常性损益的净利润	585,518,651.39	570,928,468.35	2.56	566,091,461.96

注：表格数据来自皖新传媒2015—2017年财报。

到这里，我们遇到了两个新的概念，**一个叫营业外收入，一个叫非经常性损益。所谓的营业外收入，是指与主营业务无直接关系的一些偶发性收入。**主要包括非流动资产处置利得、非货币性资产交换利得、出售无形资产收益、债务重组利得、企业合并损益、盘盈利得、债权人放弃的债权、政府补助、罚款收入、捐赠利得等。

特别值得我们注意的是，会计准则中，已经将“资产处置收益”从营业外收入里面剥离，现单独划归为“资产处置收益”科目，和上节课讲到的“公允价值变动”“投资收益”等一起，作为其他经营收益。所以，打开皖新传媒2017年的年报我们会发现（见表2-19），公司的营业外收入只有9000多万。这是因为，本来占营业外收入最多的“非流动性资产处置利得”项目被单独列出来了。

表 2-19 2017 年皖新传媒合并利润表

单位：元

项目	本期发生额	上期发生额
公允价值变动收益（损失以“一”号 填列）	18,994.99	-109,356.76
投资收益（损失以“一”号填列）	130,196,520.74	113,021,191.05
其中：对联营企业和合营企业的投资收益	1,952,758.92	-222,781.01
资产处置收益（损失以“ 一”号填列）	417,467,169.91	396,813,684.43
汇兑收益（损失以“一”号填列）		
其他收益	50,050,603.76	
营业利润（亏损以“一”号填列）	1,179,494,469.78	1,084,790,187.43

注：表格数据来自皖新传媒2017年财报。

在营业外收入的组成中，还有一个重要的内容值得注意，那就是“政府补助”。很多上市公司都享有补贴政策，有的公司甚至把这项收入作为重要的收入来源。比如，由于北京的公交费比较低，公交集团很难通过主营业务赚钱，所以主要的收入都来自政府补贴。再比如，一些受国家鼓励的科技企业，在产品研发和推广阶段挣钱比较困难，所以政府就会给予一定的补助。2014年，江淮汽车经营亏损26.55亿，但是因为政府给了一笔40亿的补助，一下子就扭亏为盈，当年实现了13.4亿的净利润，如表2-20：

实际上，由于江淮汽车开始转型做国家鼓励的新能源汽车，所以，2014年后的几年内，公司收入主要来自政府补助。

表 2-20　江淮汽车 2014—2016 年财务指标

单位：亿元

项目	2014 年	2015 年	2016 年
营业利润	−26.5	−15.3	−0.5150
加：营业外收入	40.0	25.7	8.29
减：营业外支出	0.1076	0.2728	0.9455
其中：非流动资产处置净损失	—	0.1760	0.7382
利润总额	13.4	10.1	6.83

注：表格数据来自江淮汽车2014—2016年财报。

相对应地，营业外支出，就是指非货币性资产交换损失、债务重组损失、公益性捐赠支出、行政罚款、固定资产盘亏、报废、毁损等。一般来说，大部分公司的营业外支出都比较少。如果出现较大的营业外支出，也值得我们注意。比如ST龙力2017年财报显示，当期营业利润约为-8.32亿，营业外支出约为27.38亿。

为什么营业外支出这么多呢？通过搜索“营业外支出”，在财报注释中可以发现营业外支出的大增主要是财务自查调整损失，如表2-21：

表 2-21　ST 龙力 2017 年财报营业外支出

单位：元

项目	本期发生额	上期发生额
对外捐赠	64,600.00	62,700.00

续表

项目	本期发生额	上期发生额
滞纳金、违约金	9,289,502.75	286,583.77
财务自查调整损失	2,727,061,133.88	
其他	1,247,384.69	61,002.39
合计	2,737,662,621.32	410,286.16

注：表格数据来自ST龙力2017年财报。

2. 非经常性损益

通过上文的分析，我们知道了营业外收支都是主营业务以外的收支。另外还有一个财务概念叫**“非经常性损益”**，是指公司发生的与经营业务无直接关系，以及虽与经营业务相关，但由于其性质、金额或发生频率，不能真实、公允地反映公司正常盈利能力的各项收入和支出。

很多人经常会把“营业外收支”和“非经常性损益”混淆，因为它们的定义的确有很多相通之处。那它们的区别在哪里呢？

在笔者看来，**非经常性损益强调的是频率上“偶发性”**，所以只要营业外收入是非经常发生的，就可以划入非经常性损益。如果是经常发生的，那么就不能算作非经常性损益。

还是以江淮汽车为例。我们知道，政府补助属于营业外收入，如果把营业外收入等同于非经常性损益的话，那么江淮汽车2014年的扣非净利润应该是负数才对。但实际上，江淮汽车2014至2016年三年间的扣非净利润都是正数（见表2-22）。这是为什么呢？

表 2-22　江淮汽车 2014—2016 年财务数据

单位：元

主要会计数据	2016 年	2015 年	2014 年
营业收入	52, 490, 556, 761. 32	46, 385, 912, 307. 27	38,919,071,982.20
归属于上市公司股东的净利润	1, 161, 965, 732. 89	857,581,782.33	552,274,186.61
归属于上市公司股东的扣除非经常性损益的净利润	843,604,020.17	528,649,151.33	302,608,848.77

注：表格数据来自江淮汽车2014—2016年财报。

江淮汽车在2017年年报表示，新能源汽车的补贴具有持续性。

正如我们上文所分析的，江淮汽车每年的主要收入来源就是政府补助。这时候，政府补助虽然是营业外收入，但因为是“持续性”的，所以就不能将它划入“非经常性损益”。

从另外一方面来看，哪怕某个收入不是营业外收入，但是因为是“非经常性”的，那么也可以被划入到“非经常性损益”。以光线传媒为例，2017年，光线传媒的归母净利润约为8.15亿元，扣非归母净利润约为4.61亿元。

那么，将近4亿的“非经常性损益”来自哪里呢?

在光线传媒2017年年报里，我们可以找到“非经常性损益项目及金额”的表格。通过这个表格，我们可以发现，3.53亿的非经常性损益中，占大多数的部分是由1.4亿的投资收益和1.4亿的营业外收入构成。

1.4亿的投资收益主要来自增持天津猫眼文化传媒有限公司的股权，原持股投资账面价值与其对应公允价值之间的差额确认投资收益，以及出售天神娱乐股票产生的投资收益。1.4亿的营业外收入主要来自杭州热锋业绩对赌未完成收到的补偿。由此可见，如果投资收益是非经常发生的，也可以记作“非经常性损益”。

所以，营业外收支和非经常性损益并不是包含与被包含的关系，而是有很大重叠的两个财务概念。这是财务初学者最容易犯错的地方，值得引起重视。

八、什么利润是属于你的

我们已经在前文中了解过，营业总收入减去营业总成本及其他经营收益，就是营业利润。用**营业利润**再加上营业外收支净额就得到了**利润总额**。用这一利润总额，再扣除企业要交的所得税，就是最终的净利润了。净利润是一个企业经营的最终成果，是衡量一个企业经营效益的主要指标。一般来说，净利润多，企业的经营效益就好；净利润少，企业的经营效益就差。但这也不是绝对的，现实中也有很多例外的情况。下面，笔者就来说说，我们分析净利润时，需要注意哪些问题。

1. 企业所得税的秘密

从利润总额到净利润，必须要先交企业所得税。

所谓的**所得税，就是指针对内资企业和经营单位的生产经营所得和其他所得征收的一种税**。一般来说，企业所得税的法定税率为25%，内资企业和外资企业是保持一致的，不过，国家重点扶持的高新技术企业的税率为15%。

另外，各地还有所得税“几免几减半”的政策。比如，如果是“五免五减半”，意思就是从投产第一年开始（不含建设期），五年内免征企业所得税，之后又五年减半征收所得税，之后才按规定全额征收所得税，相当于可以享受10年的税收优惠。

很多影视公司的注册地都在一个叫新疆霍尔果斯的地方。这是因为2010年国家颁布了霍尔果斯经济特区优惠政策，之后，这个名不见经传的小地方就开始慢慢变得火爆，被业界称为中国的开曼群岛[①]。很多影视公司注册在这里，就是看中了当地的税收政策。

但是，我们要注意的是，并不是有利润就一定要交税。税法规定，亏损的公司不用交税。而且，如果公司未来盈利了，还可以用这部分的亏损来弥补盈利，抵扣所得税。等到弥补完亏损之后，还有盈利的部分才需要交纳所得税。正是这个规定，给一些企业提供了粉饰报表的操作空间。

比如我们反复提到的乐视网。在介绍递延所得税资产的章节中，我们曾说过，2014至2016年，乐视网的所得税都是负数。这是怎么回事？我们来回顾一下：

2016年，乐视网的所得税为-1.07亿元。这个数字怎么来的呢？在乐视网2016年年报中查看“所得税费用表”，如表2-23：

表 2-23　乐视网 2016 年年报所得税费用表

单位：元

项目	本期发生额	上期发生额
当期所得税费用	152,728,087.89	161,595,406.98
递延所得税费用	-259,543,977.05	-304,543,010.45
合计	-106,815,889.16	-142,947,603.47

数据显示，乐视网的“当期所得税费用”是1.53亿，而当期的“递延所得税费用”是-2.60亿元，所以，当年的所得税费用就变成了-1.07亿元。

笔者在前面的章节中已经介绍过，在会计上，每当我们在资产负债表上增加“递延所得税资产”，就要同时在利润表上增加负的“递延所得税费用”。所以，递延所得税费用增加了，那么递延所得税资产就一定会同步增加。

① 开曼群岛是英国在美洲西加勒比群岛的一块海外属地，是著名的离岸金融中心和“避税天堂”。

继续查看“递延所得税资产”，如表2-24：

表 2-24　乐视网 2016 年递延所得税资产附注

单位：元

项目	期末余额		期初余额	
	可抵扣暂时性差异	递延所得税资产	可抵扣暂时性差异	递延所得税资产
内部交易未实现利润	169,073,742.93	25,361,061.44	188,929,607.36	47,232,401.84
可抵扣亏损	2,602,199,425.40	650,549,856.36	1,696,948,005.00	424,237,001.25
坏账准备	463,494,431.03	78,612,500.65	204,414,434.86	33,878,127.25
存货跌价准备	29,844,291.01	7,461,072.75	3,300,877.24	825,219.31
无形资产减值准备	5,023,702.04	753,555.31	5,164,022.99	788,635.54
融资租赁摊销利息	4,035,837.37	605,375.60	1,933,794.55	290,069.18
合计	3,273,671,429.78	763,343,422.11	2,100,690,742.00	507,251,454.37

数据表明，乐视网2016年递延所得税资产增加了2.56亿元。所以，相应地，递延所得税费用也增加了差不多的数字。

我们还可以看到，乐视网2016年所增加的递延所得税资产大多来自“可抵扣亏损”，这部分就贡献了2.26亿元。那么，结论就比较清楚了，乐视网2016年的所得税之所以为负数，是因为存在负的递延所得税费用；之所以存在负的递延所得税费用，是因为乐视有很多可抵扣的亏损。

这么操作是否合理呢？按道理来说，只有当企业对未来的盈利非常有信心时，才能把过去的亏损用来抵扣。当然，有没有信心，这只能由企业自己说了算。所以，虽然我们说乐视网粉饰了自己的财报，但是却不能说它有财务舞弊。

2. 几种不同的净利润

企业把税交完后，剩下的就是净利润了。这是所有投资人最关注的数据，因为它代表了这个企业为股东赚了多少钱。

我们先来回想下，我们从销售收入到净利润经过了哪些步骤——

第一步：计算**销售净额**，也就是营业收入，是指销售总额减销货退回与折让，以及销售税金后的余额；

第二步：计算**销售毛利**，即销售净额减销售成本后的余额；

第三步：计算**销售利润**，即销售毛利减销售费用、管理费用、财务费用等期间费用后的余额；

第四步：计算**营业利润**，即销售利润加上其他业务利润后的余额；

第五步：计算**利润总额**，即营业利润加营业外收支后的余额；

第六步：计算**所得税税后的净利润**，即利润总额减应计所得税（支出）后的余额。

经过以上6步才得到净利润的数值，可以说非常的不容易。不过，千万别觉得得到了这个“净利润”就万事大吉了。其实，利润表上的“净利润”并不是我们专业投资人真正关心的。

在净利润的科目下方，我们会发现，还有两个科目，**一个叫“归属于母公司所有者的净利润”，一个是“少数股东损益”**。

在前文介绍“递延所得税资产”的时候，笔者曾简单提到过“少数股东损益”的概念。简单来说就是，我们在合并利润表上看到的“净利润”，是合并净利润，包括了上市公司旗下所有子公司的净利润。但是，要注意的是，这些利润并不是全都属于上市公司股东的。

举个例子，假设甲上市公司旗下只有一家子公司A，并且持有A公司70%的股份。如果2017年，A公司的净利润是1亿，且甲和A之间没有任何关联关系。那么甲公司在制定合并利润表的时候会怎么做呢？按照我们的理解，属于甲的净利润是7000万，所以应该在甲的利润表上增加7000万的利润。实际上，上市公司在制定**合并利润表**时，在净利润科目中，增加的不是7000万而是1亿。这就是我们经过以上6步计算后，所得到的那个“净利润”。要想知道真正属于上市公司股东，也就是所有股民的净利润是多少，那么我们就要把另外3000万扣除掉。持有A公司30%股份的那些股东就被称为少数股东，而这个3000万就叫作“少数股东权益”。

所以，用净利润扣除掉“少数股东损益”，得到的“归属于母公司所有者的净利润”才是我们投资人真正要关心的数字。

但是，前文说过，这个“归母净利润”还是不能真正反映企业的赚钱能力。我们还必须把“非经常性损益”扣除掉，得到的“扣非归母净利润”才能真正反映一个公司的经营能力。

第三章

现金流量表

一、经营活动现金流：公司真的挣到钱了吗

在上一章中，我们了解到，净利润不是投资人最关心的，投资人真正要关心的是归母净利润，而真正能反映企业盈利能力的是扣非归母净利润。但是公司的利润表上有净利润，就代表企业把钱挣到手了吗？答案是，不一定。

在现实中，一家企业卖出产品或服务后，有可能收到现金，也有可能只收到了白条。收到的白条，会体现在资产负债表的“应收账款”“应收票据”等科目中；而收到的现金，要记录在“现金流量表”中。换句话说，通过分析现金流量表，可以帮助我们了解公司究竟有没有把账面上的净利润挣到手。

1. 生死攸关的现金流

除了判断一个公司究竟有没有把钱挣到手，研究现金流量表更重要的意义还在于，它**可以帮助我们分析一个公司是否有流动性危机。**

有的企业，虽然没有净利润，但是因为现金流充沛，依然活得很好。一个比较典型的例子就是亚马逊公司。20多年以来，亚马逊一直以负利润或零利润状态经营。但是，这并不妨碍它成为市值近万亿美元的公司。

但是，如果现金流出了问题，一家公司可能在瞬间就毁于一旦。比较典型的例子是雷曼兄弟控股公司。在2008年金融危机期间，作为一家拥有150多年历史的老牌投行，账面上拥有7000亿美元资产的雷曼兄弟因为没能筹集到200亿美元，不得不在2008年9月15日宣布破产。

由此可见，现金流对于企业的经营来说，可谓生死攸关。所以，专业的投

资人都非常注重对现金流量表的分析。

现金流量表，反映的是一定时间内，一家公司的现金增减变动情况，主要包括3个部分，**分别是：经营活动现金流、投资活动现金流和筹资活动现金流。**

你可能会问，资产负债表中有一个“货币资金”的科目，也可以反映一个公司在每个季度末的资金余额及其变动情况。那么“货币资金”和现金流量表之间的区别在哪里呢?

一方面，现金流量表所反映的范围不同。在本书第一章第二节中曾经讲过，资产负债表中的货币资金，有一部分是使用受限的，无法短期内立马变现。用“货币资金”减去“使用受限的货币资金”，就是“现金及现金等价物”。而现金流量表反映的就是“现金及现金等价物”的增减情况。另一方面，现金流量表可以更细致地反映出，哪些钱是经营挣来的、哪些钱是投资挣来的、哪些钱是筹资来的。分别对应的就是：经营活动现金流、投资活动现金流、筹资活动现金流。

2. 经营活动现金流——究竟挣到了多少钱

经营活动现金流量是指，企业进行产品生产、商品销售、劳务提供等经营活动而产生的现金流，它是企业现金的主要来源。它包括经营活动**现金流入**和**现金流出**两个方面。

流入主要包括以下科目：

（1）销售商品、提供劳务收到的现金

该科目是用来记录企业本期销售商品、提供劳务收到的现金，收回以前销售形成的应收款，以及本期新增的预收款、减去本期内退货支付的现金（**均含代收增值税**）。

（2）收到的税费返还

该科目记录企业收到税费返还款。

（3）收到的其他与经营活动相关的现金

该科目反映除以上两条外，收到的其他与经营活动相关的现金，如经营租赁收到的租金、自有资金的利息等。

流出主要包括以下科目：

（1）购买商品、接受劳务支付的现金

该科目反映企业本期采购支付的现金，以及支付以前的应付款、减去本期退货收到的现金。

（2）支付给职工以及为职工支付的现金

该科目反映企业本期实际支付给职工的工资、奖金、各种津贴和补贴等职工薪酬。

（3）支付的各项税费

（4）支付的其他与经营活动相关的现金

该科目反映除以上几条外，与经营有关的现金支出，如经营租赁的租金、差旅费、业务招待费、保险费、罚款支出等。

用经营活动现金流量的流入部分减去流出部分所得到的差额，就是经营活动现金流净额。在这个部分，我们要重点关注两个科目，一个是“销售商品、提供劳务收到的现金”，另外一个是“经营活动现金流净额”。而且，深入了解现金流量表的关键是要与资产负债表和利润表结合起来看。比如经营活动产生的现金流量值，加减掉那些不涉及现金的花费或收入，比如折旧、摊销等，与利润表中最后的净利润一致。

我们接下来先详细了解一下“销售商品、提供劳务收到的现金”。

前面说了，销售商品、提供劳务，要么收到现金，要么收到白条。最好的情况当然是，所有的销售收入全都收到了现金，甚至还有一些预收款。那么在财报上的表现就是：**销售商品、提供劳务收到的现金≥营业收入×1.13**。为什么要用营业收入乘以1.13呢？这是因为，现金流量表中的现金包含了增值税，中国的增值税税率就是13%。

另外一种情况是：

销售商品、提供劳务收到的现金+应收票据的增加额≥营业收入×1.13。

在这两种情况下，可以基本上判断，企业销售的绝大部分款项都在当年收回了。说明企业的市场地位比较稳固。像贵州茅台、格力电器、海天味业这些优质白马股，销售商品、提供劳务收到的现金基本上都是超过营业收入的。

如果一个公司销售商品、提供劳务收到的现金总是远远小于营业收入，而且应收账款在连年增加，那基本上可以说明企业的产品或服务缺乏竞争力，我们还需要警惕虚增收入的可能。

下面我们再来了解一下经营活动现金流净额。

首先，我们要拿经营活动现金流净额来和净利润进行对比。可以得到以下几种情况：

（1）经营活动现金流净额≥净利润，说明公司净利润全部或大部分变成实实在在的现金，企业真正“挣到钱”了，比如贵州茅台、格力电器、海天味业都属于这种情况。当然，我们不能用这个指标来看房地产行业。因为，房地产行业的销售模式是卖期房，必然产生大量预收款。

（2）如果，经营活动现金流净额<净利润，就说明企业并不是真正地把钱

挣到手。在这种情况下，往往还伴随着，公司的应收账款、应收票据、存货等大量增加。

（3）最坏的情况是，经营活动现金流净额持续小于零，说明企业一直入不敷出，贴钱赚吆喝，需要不断地通过融资来续命。你会发现，每一个出现财务危机的公司，都出现了经营活动现金流净额为负数的情况。比如，乐视网、暴风集团等（见图3-1）。

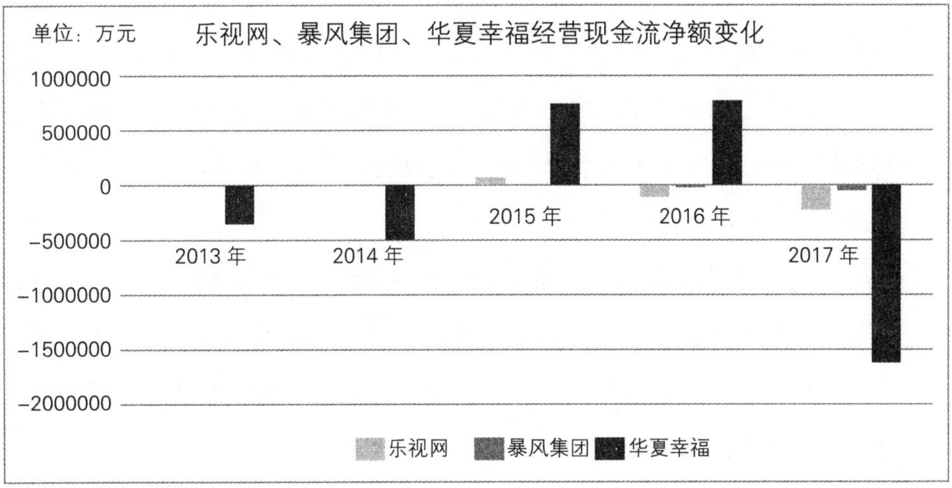

注：图中数据来自各公司2013—2017年财报。

图3-1 2013—2017年三家企业经营现金流净额变化

3. 神雾环保是如何倒下的①

从经营活动现金流净额，结合应收账款、存货、关联交易情况，就很容易看出一个公司在经营中，究竟是否存在风险。

① 本小节数据来自神雾节能环保2015、2016年财报及深交所历史股价。神雾节能现已更名为ST节能，神雾环保现已退市。

2017年5月24日叶檀财经发表文章，质疑神雾集团下辖的两家上市公司“神雾环保”和“神雾节能”可能存在财务舞弊问题。当时，很重要的突破口就是，这两家公司应收账款暴增，关联交易很大，而且经营活动现金流很差。

神雾环保2016年营收为31.25亿，而公司前5大客户就占了94.38%。而且，营收中的74.32%都是神雾环保的“自己人”贡献的。另外，2016年，神雾环保净利润7.08亿，但是经营性现金流净额才2.18亿。经营活动现金流净额远远小于净利润。与此同时，应收账款也大幅增加。

神雾节能2015年公司营收为6.58亿，2016年营收为8.65亿，同比增长32.14%。而同期，应收账款由2015年的1.53亿飙升至2016年的6.25亿，预付账款由2015年的2316万飙升至2016年的2.3亿，经营性现金流净额由4.6亿暴跌到-1.04亿。比神雾环保的问题还要严重。

4年过去了，神雾节能的股价从最高时的43元跌到了2019年底的1.7元；神雾环保从最高时的37元，跌到了2019年底的1.6元，跌幅都在90%以上。这个例子告诉我们，当你发现这些财务数据存在异常时，千万不能掉以轻心，而是要认真分析背后的原因，防止踩雷。

二、投资活动现金流：企业的投资理性吗

这一节，我们来了解**投资活动现金流**这个科目。它描述了企业的投资活动，**可以体现出一家公司究竟采取了怎样的发展战略**。投资活动是企业正常的扩张行为，但部分非理性投资反映了企业的盲目扩张和战略失误，一旦失败，将对企业造成极大的伤害。下面，我们来具体了解一下。

1. 投资活动现金流：企业在扩张还是收缩

与经营活动现金流一样，投资活动产生的现金流也分为流入和流出两部分。不过，在这里，我们更关注流出的情况。

投资活动现金流出的主要项目包括：

（1）购建固定资产、无形资产和其他长期资产支付的现金：反映企业购买资产或自建资产支出的现金；

（2）投资支付的现金：反映企业进行各种性质的投资所支付的现金以及相关费用；

（3）取得子公司及其他营业单位支付的现金净额：收购公司或业务部门支付的现金，减去所收购公司或业务部门账上现金；

（4）支付其他与投资活动有关的现金。

上述4种投资项目分别可理解为：

（1）给自己公司的投资，形成固定资产、无形资产和其他长期资产；

（2）给别人公司的投资，形成权益或债权；

（3）收购别人公司，形成子公司、合资公司；

（4）其他。

投资活动的现金流入也对应这4项科目，只不过多了一项投资收益，主要如下：

（1）收回投资收到的现金：反映企业出售、转让或到期收回各种投资而收到的现金；

（2）取得投资收益收到的现金：反映企业因各种投资而分得的现金股利和利息等；

（3）处置固定资产、无形资产和其他长期资产收回的现金净额：出售转让资产的钱减去费用后的净额，以及其他长期资产收回的现金，比如受灾后得到的保险赔偿；

（4）处理子公司及其他营业单位收到的现金净额：出售子公司或业务部门获得的现金；

（5）收到其他与投资活动有关的现金：反映企业除了上述各项以外，收到的其他与投资活动有关的现金流入。

一般来说，**如果投资活动现金净流量是负数，就说明企业正处于花钱扩张阶段。反之，如果投资活动现金净流量为正数，一般表明企业处于收缩状态，或者至少企业的扩张速度放缓了。**所以，通过投资活动现金流净额的正负，可以帮助我们判断一个企业究竟处于扩张阶段还是收缩阶段。

2. 几个重要的指标

将投资性现金流与其他两张表的科目结合在一起看，可以更好地反映企业真实的投资情况。

我们看几个重要的指标。

（1）自由现金流

首先，我们来了解下自由现金流的概念。这个概念最早是由巴菲特提出来的，是指**企业用经营活动赚来的钱，扣除掉那些为了维持企业盈利能力而必须再投资后所剩下的钱。**

巴菲特认为：自由现金流是股东在不妨碍企业获利能力的前提下，能从企业拿走的回报，是企业唯一真实的价值。所以，自由现金流经常被专业投资人用来评估一个企业的价值。

在实际操作中，简单的算法就是，用经营活动的现金流量净额减去投资活动现金流量净额，从而得到自由现金流数值。

（2）与资产负债表的勾稽关系①

大部分企业的投资性现金流出主要来自“购建固定资产、无形资产和其他长期资产所支付的现金”和“投资所支付的现金”，这是我们要学习的重点。

下面我们先通过两个公式来了解“购建固定资产、无形资产和其他长期资产所支付的现金”和“投资所支付的现金”的勾稽关系：

购建固定资产、无形资产和其他长期资产所支付的现金=（在建工程期末数–在建工程期初数）+（固定资产期末数–固定资产期初数）+（无形资产期末数–无形资产期初数）+（其他长期资产期末数–其他长期资产期初数）；

投资所支付的现金=（短期投资期末数–短期投资期初数）+（长期股权投资期末数–长期股权投资期初数）+（长期债权投资期末数–长期债权投资期初

① 勾稽关系指账簿和会计报表中有关数字之间存在的，可据以相互查考、核对的关系。

数）；[①]

通过这些勾稽关系，我们可以大概了解，一个企业究竟把钱投到了什么地方？是用于扩大生产规模，还是外延扩张？

事实一再证明，盲目的多元化经营往往很容易演化为多元恶化。20年前的巨人集团，广泛涉足了电脑业、房地产业、保健品业，后来一夜崩溃。如今的乐视网，也因为打造七大生态，资金链断裂，陷入严重危机。而2017年，中小股东之所以否决了格力电器收购珠海银隆，也与担心格力搞多元化会失败有关。

（3）投资收益率

另外，我们还要关注企业过往投资的收益率情况。如果企业的投资收益率一直低于社会资金的平均回报水平，说明管理层的投资是低效的。反之，就是对股东有利的。但是，也要注意一种情况，那就是投资收益率远远高于正常情况。比如尔康制药，就是因为公司的海外项目投资收益率奇高，最后被看出作假端倪。

不过，每个项目的投资收益率很少在财报中披露，而且财报中的投资收益与投资活动的流出额往往也不是一一对应的。因此，我们需要从招股说明书、定向增发报告等其他公告中获得投资收益率的数据。

3. 中国远洋的滑铁卢[②]

介绍完理论部分，接下来介绍一个跟投资性现金流有关的著名案例——中国远洋。

中国远洋的全称叫中国远洋运输（集团）总公司（以下简称中国远洋），

---

① 在这两个公式中需要注意的是计算这些项目时需要先剔除投资收益或损失。

② 本小节数据来自中国远洋2007—2010年、2014年财报。

成立于1961年。如今，经过几十年的发展，中国远洋已经成为以航运、物流码头、修造船为主业的跨国企业集团，多次入选《财富》世界500强。2007至2008年间是航运业的黄金时期。中国远洋作为龙头企业，在2007年和2008年分别创造190.85亿元和108.30亿元的惊人利润，股价也一度创下68.40元的历史高点。

在形势一片大好时，挣了大钱的企业往往会意气风发，踌躇满志。这个时候，他们最容易犯的错误就是快速扩张。中国远洋也不例外。从2007至2010年，中国远洋大幅扩充船队，投资额度巨大。这四年的投资性现金流的净流出都在100亿以上，如表3-1：

表 3-1　中国远洋 2007—2010 年投资性现金流

单位：亿元

项目	2007 年	2008 年	2009 年	2010 年
营业收入	938.8	1149.7	557.3	805.8
净利润	208.5	119.3	−67.4	79.9
购建固定资产、无形资产和其他长期投资所支付的现金	127.7	177.7	111.8	84.7
投资活动产生的现金流量净额	−192.5	−208.4	−111.0	−110.4

注：表格中数据来自中国远洋2007—2010年财报。

就在中国远洋大规模扩张的时候，金融危机爆发了，国际航运业也一下子陷入了寒冬。但这并没有阻挡住中国远洋的扩张之路。

2009年4月，时任中国远洋董事长的魏家福在当年的博鳌论坛上对于航运业低谷有一个说法。他当时说，企业过冬不外乎下中上三策：消极等待、无所作为的“冬眠”；不明形势、盲目出击的“冬泳”；强身健体、伺机出击的“冬训”。在他看来，中国远洋应该积极“冬训”，采取逆周期的低谷扩张战略。

2009年公司就迎来2007年回归A股后的首亏，亏损额75.41亿元；2010年短暂扭亏后，2011年中国远洋年报亏损104.5亿元，被市场冠以年度“亏损王”。2012年中国远洋亏损95.6亿元再度蝉联A股“亏损王”。2013年若再次亏损，中国远洋（当时已被ST处理）就将退市。因此，全力扭亏避免退市成为“ST远洋”2013年的首要任务，而“砸船卖铁”、出售子公司则是立竿见影的手段。

中国远洋不得不变卖一系列优质资产。2013全年，中国远洋累计出卖资产收入15亿元，出卖子公司收入142.3亿元，从而实现净利润2.36亿元，但扣除非经常性损益后的净利润仍为-71.8亿元。2014年4月2日晚公司发布公告，称中国远洋公司A股股票简称将由“ST远洋”变更为“中国远洋”，从而消除了一直笼罩在头上的退市风险。

三、筹资活动现金流：公司的钱都是从哪儿来的

在这一节中，我们要了解筹资活动现金流这一科目。通过这个科目，我们可以了解到公司的资金究竟是从哪儿来的。

对于很多企业，尤其是资金密集型的房地产企业来说，融资能力可以说是一项核心竞争力。2017年至2018年间，华夏幸福用21种融资手段筹资3000亿的故事，在朋友圈广泛流传①。它究竟是如何做到的？为什么后来华夏幸福这样的融资高手也出现了财务紧张的窘境？

1. 筹资活动现金流：权益还是债务

在讲投资活动现金流时，我们更关注“流出”，因为我们要知道公司把钱投到了哪里。但是，在讲筹资活动现金流时，我们更关注“流入”，因为我们更关心，公司的资金是从哪儿来的。

筹资活动的现金流入包括以下4项：

（1）吸收投资收到的现金：包括发行股票、出售债券等方式筹集的现金收入减去发行费用；

（2）取得借款收到的现金：反映企业各类长短期借款所收到的现金；

（3）收到其他与筹资活动有关的现金：反映企业除上述各项目外，收到的其他与筹资活动有关的现金流入，如接受现金捐赠等。

---

① 数据来自微信公众号“中国管理会计网”文章《起底华夏幸福融资术：通过21种手段4年融资3000亿》。

筹资活动现金流出有以下3项：

（1）偿还债务支付的现金：反映企业以现金偿还债务的本金；

（2）分配股利、利润或偿付利息支付的现金；

（3）支付其他与筹资活动有关的现金：反映企业除上述项目外，支付的其他与筹资活动有关的现金流出，如捐赠、融资租赁费、借款利息、分期付款购建资产的后期现金等。

通过以上介绍，你可能已经发现，总体上来看，筹资的途径无非就是债务或权益。那么债务融资和权益融资，哪个更好呢？请看表3–2：

表 3–2　债务融资和权益融资的比较

	债务融资	权益融资
优点	融资成本较低（易得）	收益分配灵活
	利息支出可以抵税	资金永久
缺点	财务风险高	融资成本较高
		影响股权结构

另外，值得注意的是，筹资活动现金流与资产负债表的勾稽关系如下：

吸收投资所收到的现金＝（实收资本或股本期末数–实收资本或股本期初数）＋（应付债券期末数–应付债券期初数）

借款收到的现金＝（短期借款期末数–短期借款期初数）＋（长期借款期末数–长期借款期初数）

我们在讨论筹资活动现金流时，需要关注以下两种异常情况：

（1）企业取得借款收到的现金，远小于偿还债务所支付的现金。这可能反映了银行降低了对企业的贷款意愿，即银行催企业还借款，却不再放贷给它。这种情况意味着企业出现了某种圈内人士才知道的危机。

（2）企业为筹资支付了显著高于正常水平的利息或中介费用。这会体现在“分配股利、利润或偿付利息支付的现金”和“支付其他与筹资活动有关的现金”两个科目的明细里。这可能意味着企业遇到必须江湖救急的生存危机。

2. 华夏幸福的融资之道

华夏幸福创立于1998年，是中国领先的产业地产运营商。截至2017年，总资产超3360亿元。与其他房地产商不同，近年来华夏幸福专注于运用PPP模式来建设产业新城。

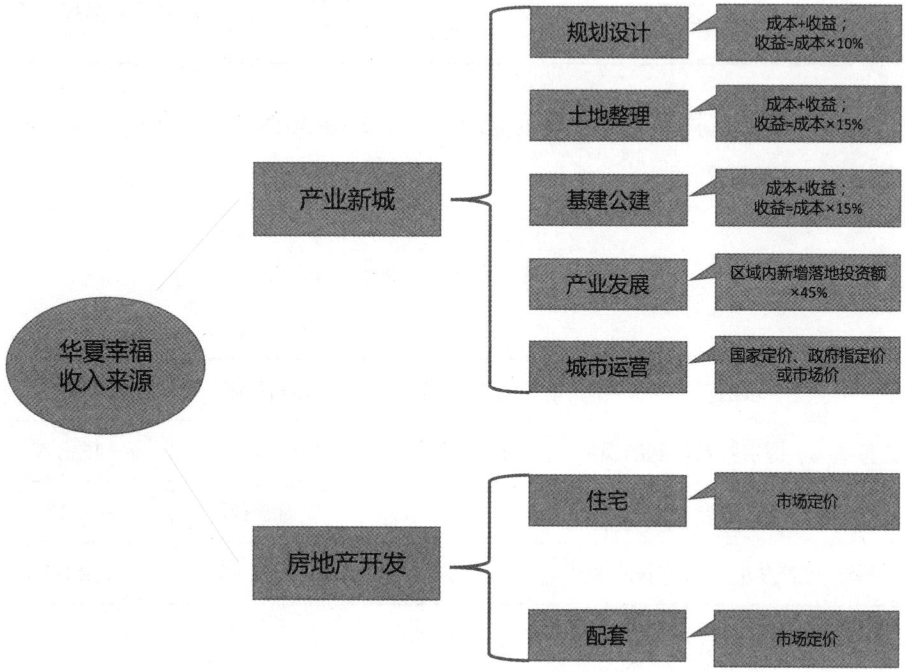

图3-2　华夏幸福的业务模式

前文我们了解过，华夏幸福是一个融资高手。打开华夏幸福的报表和公告，你会感觉到这就是一本“花式融资百科全书”——他们几乎把在中国能运用的融资方式全都尝试了一遍。

根据统计显示，2012年至2016年4月份这4年多时间，不依靠银行贷款，华夏幸福从外部融得资金2974亿元，涉及融资方式多达16种。这16种融资方式可以大概分为权益融资、债务融资和盘活资产类融资三类。

表 3-3 融资方式分类

项目	权益融资	债务融资	盘活资产类融资
融资方式	夹层融资、股权收益权转让、战略引资、特殊信托计划	信托借款、公司债、债务重组、债券转让、关联方借款、委托贷款、银团贷款、银行承兑	售后回租式租赁、应收账款收益权转让、资产证券化、特定收益权转让

但是，就是这样被人们崇拜的融资高手，却在2018年上半年陷入了严重的资金链紧张的窘境。

表 3-4 华夏幸福 2016、2017 年现金流

单位：元

项目	2017 年	2016 年	同比
销售商品、提供劳务收到的现金	780.49 亿	901.32 亿	−13.5%
经营活动现金流入	815.93 亿	938.58 亿	−13.1%
经营活动产生的现金流量净额	−162.28 亿	77.63 亿	−309.04%

注：表格数据来自华夏幸福2016、2017年财报。

与同行业比较可知，华夏幸福的负债水平较高，如表3-5：

表 3-5 华夏幸福与其他房企的负债比较

项目	华夏幸福	保利地产	万科 A	金地集团
资产负债率	81.10%	77.28%	83.98%	72.13%
净负债率	88.64%	86.45%	8.8%	48.22%
利息保障倍数	2.43	2.11	5.66	9.01

注：净负债率是指企业的有息负债减去货币资金后对所有者权益的比例。利息保障倍数是指息税前利润与利息费用的比率。表格数据由各企业2017年财报整理而成。

到了2018年一季度，华夏幸福的情况变得更加糟糕。筹资活动现金流净额已经变成了-68亿元，见表3-6。主要是由一季度公司偿债较多而融资较少导致的。

表 3-6 华夏幸福 2018 年现金流量表

单位：万元

项目	2018 年 12 月 31 日	2018 年 3 月 31 日
筹资活动产生的现金流量：		
吸收投资收到的现金	431,717.84	135,173.52
其中：子公司吸收少数股东投资收到的现金	367,568.80	135,173.52
取得借款收到的现金	4,212,049.92	850,042.20
收到其他与筹资活动有关的现金	4,249.32	
发行债券收到的现金	3,095,633.74	358,123.40
筹资活动现金流入小计	7,743,650.82	1,343,339.13

续表

项目	2018 年 12 月 31 日	2018 年 3 月 31 日
偿还债务支付的现金	4,468,611.46	1448924.62
分配股利、利润或偿付利息支付的现金	1,149,619.33	164,295.81
其中：子公司支付给少数股东的股利、利润		
支付其他与筹资活动有关的现金	2,774,453.91	413,473.78
筹资活动现金流出小计	8,392,684.70	2,026,694.21
筹资活动产生的现金流量净额差额（合计平衡项目）		
筹资活动产生的现金流净额	−649,033.88	−683,355.08

注：表格数据来自华夏幸福2018年财报。

后来，华夏幸福是怎么解决这个问题的呢？2018年7月9日晚，华夏幸福公告：平安资管收购华夏控股19.70%股份（5.82亿股），总共耗资137.70亿元。这个例子告诉我们，对于一个资金密集型企业来说，筹资活动现金流就是生命线。一旦这根生命线出了问题，那么企业就会面临极大的风险。

四、现金流量表肖像图：8种不一样的公司

前面几节，我们已经学习了怎样分析经营活动、投资活动和筹资活动现金流。对于这三类现金流，如果用“+”代表现金流入，用“–”代表现金流出，那么就可以得到8种不同的组合，对应着8类不同的企业。下面，我们就来了解一下，这8类企业都有什么特点，究竟哪些是具有投资价值的，哪些是要远离的。

1. 上市企业的8幅肖像图

通过对现金流情况进行组合，我们得到了表3–7，这张表格总结了8类不同的上市公司。

表3–7 8类上市公司

类型	经营活动现金流净额	投资活动现金流净额	筹资活动现金流净额	企业类型	投资人专注点
一	+	+	+	妖精型	计划投资项目情况
二	+	+	–	老母鸡型	低 PE、高股息率
三	+	–	+	蛮牛型	项目前景、资金支持
四	+	–	–	奶牛型	可持续性
五	–	+	+	骗吃骗喝型	不建议投资
六	–	+	–	混吃等死型	不建议投资

续表

类 型	经营活动现金流净额	投资活动现金流净额	筹资活动现金流净额	企业类型	投资人专注点
七	−	−	+	赌徒型	项目前景与管理层品性
八	−	−	−	大出血型	拒绝参与

类型一：“+++”型，妖精型

这种类型的企业，经营活动、投资活动和筹资活动的现金流都是净流入，看起来很完美，但是只要稍微想想，就会发现问题不少。你想想，为什么这个企业做业务能挣钱，投资也挣钱，还需要不断筹资呢?

在前文“货币资金”这个小节中，笔者就探讨过，现金不是越多越好的。现金多了，意味着公司利用现金的能力很差，甚至可能会被动上马一些质量比较差的项目，所以这类公司被称为“妖精型”企业。这样的企业很罕见，如果你遇到了，那就得好好分析，它究竟想干什么。

类型二：“++-”型，老母鸡型

这种类型的公司，经营活动和投资活动的现金流是净流入，而筹资活动现金是净流出。这说明，公司经营情况良好，投资也能取得正收益，更重要的是还在积极偿还债务或者给股东分红，是一个很健康的企业。但从另外一方面来说，这家公司已经基本上处于收缩期，不再对外扩张。这种企业约等于一种能产生稳定现金流的债券，如同一只定时产蛋的老母鸡。很多电力和酿酒企业，就属于这种情况。对于这类企业，只要估值合理，股息率合适，就值得持有。这类公司，是那些追求稳定收益的保险公司资金非常喜欢的标的。

类型三：“+-+”型，蛮牛型

这种类型的公司，经营活动和筹资活动的现金流是净流入，说明企业经营情况良好，同时还在不断融资。投资活动现金流净流出，说明企业在不断加大投资，进行扩张。总体上来说，这类公司，把自己挣到的以及借来的钱全都用来扩张了，就像一头勇猛向前的蛮牛。

对于这类企业，我们要重点关注公司的投资项目。如果投资成功，那么公司会快速发展。如果投资失败，那么就有可能导致公司资金链紧张，多年的努力功亏一篑。

在A股，大部分上市公司的现金流量表都是“蛮牛型”的。因为它们想发展，想快速发展，就会拼命地上项目，搞并购。但事实一再证明，很多企业的失败，并不是在最缺钱的时候，恰恰是在钱很多，拼命扩张的时候。

类型四：“+--”型，奶牛型

这种类型的企业，经营活动现金是净流入而投资活动和筹资活动现金流是净流出。这说明，企业经营情况良好，能够持续产生非常充沛的现金流。为什么说非常充沛呢？因为经营活动产生的净现金流，不仅可以用来偿还债务，给股东分红，还可以用来企业扩张。这种公司就像一头奶牛，吃下去的是草，产出来的是奶。如果这种情况能够持续，那么就是上市公司中的佼佼者。

在A股中，像格力电器、美的集团这样的白马股，大多属于这种类型。对于这种企业，我们同样也要关注投资项目是否优质。比如，格力电器曾经打算投资珠海银隆，后来被中小股东否决了。董明珠一气之下，就拿自己的钱投了银隆。现在银隆江河日下，面临倒闭风险。由此可见，哪怕是这种奶牛型企业，也有可能在投资中犯错误。

类型五：“-++”型，骗吃骗喝型

这种类型的企业，经营活动现金流是净流出，而投资活动和筹资活动现金流是净流入。这说明，虽然这类公司经营没法获得正常收入的现金流，但是因为投资活动赚钱，而且还可以从资本市场中筹资，所以称之为骗吃骗喝型。

在这里，我们要注意的是，投资活动现金流为什么为正？如果是靠变卖资产的方式获得正向现金流，那就要更加小心了。另外就是，公司的筹资活动现金流为什么是正？究竟是靠债务融资，还是股权融资？这种筹资方式能够持续吗？如果不能持续，这个公司随时会陷入危机。实际上，在A股中这种企业并不多。如果不幸被你碰到了，那么就需要考虑这家公司被进行退市风险警告的可能性。

类型六："-+-"型，混吃等死型

这种类型的公司，投资活动现金流是净流入，经营活动和筹资活动的现金流都是净流出。这意味着，企业经营不赚钱，还被债主逼债（一般不是股东分红），只能靠投资活动赚点钱，而且这种投资活动很有可能是变卖资产。这种类型的公司就像一个坐吃山空的富二代，正在混吃等死。

这类企业有没有可能翻身呢？关键要看公司的业务是否能够扭亏，以及短期内，公司还有多少债务要还。

类型七："--+"型，赌徒型

这种类型的公司，经营活动和投资活动现金流都是净流出，而筹资活动现金流是净流入。这说明，公司的经营活动不赚钱，而且还在不断地投资扩张。钱是从哪儿来的呢？都是通过筹资来的。一旦公司融资不畅，再加上经营不佳，投资失败，很有可能就会陷入万劫不复之地。

比较著名的例子就是乐视网，公司一直靠不断地融资在发展。最终，因为各个业务线条一直不挣钱而出现了巨额的亏损。贾跃亭也因此被称为"赌徒"。但其实，在互联网时代，很多企业都是依赖融资在发展。比如京东、共享单车、特斯拉等。京东是在2016年后，也就是成立的第11年，才开始盈利，在这之前不知道烧了多少钱。所以，对于互联网企业，需要我们用不同的视角来分析。

类型八："---"型，大出血型

这类公司没什么好分析的。所有活动现金流都是净流出，现金及等价物也一定会大额减少，公司的流动性枯竭，很可能进入破产清算。对于这类公司，远离是唯一的选择。

通过以上分析，我们可以得出以下结论：

（1）当经营活动产生的现金流量净额>0时，如果销售商品、提供劳务收到的现金>营业收入，说明公司的经营状况较好；

（2）当经营活动产生的现金流量净额<0时，需要确保筹资活动顺畅，而且投资项目不出问题。

2. 卖酱油的奶牛型企业——海天味业

下面来介绍一个专注卖酱油的企业——海天味业。海天味业经过20年的发展，2018年的市值已经达到2800亿。从现金流量表来看，这家公司常年保持“+--”的状态，也就是我们所说的奶牛型企业。

这些年来，它的股票走势几乎一直保持45度上涨趋势。

从现金流量表来看，海天味业的经营活动现金流净额基本上都高于净利润。销售商品、提供劳务收到的现金与营业收入的比值也是大于1的。

表 3-8 海天味业的经营活动现金流量净额与净利润

单位：亿元

项目	2014 年	2015 年	2016 年	2017 年
经营活动产生的现金流量净额	27.4	21.9	40.7	47.2
净利润	20.9	25.1	28.4	35.3
比值	1.31	0.87	1.43	1.34

表 3-9　海天味业的销售商品、提供劳务收到的现金与营业收入

单位：亿元

项目	2014 年	2015 年	2016 年	2017 年
销售商品、提供劳务收到的现金	118	123	153	180
营业收入	98.2	113	125	146
比值	1.20	1.09	1.22	1.23

由表3-8、表3-9可以看出，海天味业的现金流量非常漂亮，说明盈利质量较高。如果再结合资产负债表和利润表，你会发现，这家公司简直优秀到让你不敢相信——这些年来，公司仅在2017年出现了247万的应收账款，而应付账款却高达5.55亿。这说明公司在供应链中的地位强势，它可以欠供应商的钱，但顾客不能欠它的钱。

从利润表来看，海天味业的盈利能力较强，毛利率处于行业领先水平。

表 3-10　酱油行业上市公司 2014—2018 年销售毛利率数据对比

公司简称	2018 年销售毛利率（%）	2017 年销售毛利率（%）	2016 年销售毛利率（%）	2015 年销售毛利率（%）	2014 年销售毛利率（%）
海天味业	46.4671	45.6901	43.9486	41.9424	40.4069
千禾味业	45.7449	43.3368	40.9693	37.1901	32.5128
中炬高新	39.1150	39.2723	36.6883	35.0669	34.4753
加加食品	26.2289	27.2776	27.4896	28.3192	29.9753

注：表格数据来自各公司2014—2018年财报。

跟其他食品饮料类的公司相比，海天的表现也非常拿得出手。2017年海天

的ROE[①]仅低于茅台，而ROIC[②]在食品饮料行业中名列第一。

表 3-11 食品饮料上市公司财务数据对比

项目	ROE	销售净利率	总资产周转率	权益乘数	ROIC
贵州茅台	33.1	49.8	0.5	1.5	29.2
海天味业	29.8	24.2	1	1.4	32.4
双汇发展	29.5	8.9	2.3	1.5	25.6
洋河股份	22.3	33.8	0.5	1.5	22.3
桃李面包	22	12.6	1.4	1.1	19.7
承德露露	21.1	19.8	0.7	1.5	20.8

注：表格数据根据各公司2017年财报整理。

这些年来，公司的现金及其等价物不断增加，但令人称奇的是公司始终没有银行贷款、公司债券等债务，可以说公司没有一点流动性问题。总之，海天味业就是典型的现金流优秀的公司。

但是我们在实际投资中，也要注意行业之间的差异和区别。比如环保行业，大部分企业现金流就很差，比如三聚环保，2014年到2018年，经营活动现金流最好的时候也只有3亿多，而同期公司的营收高达百亿。

① ROE：净资产收益率（Return on Equity，简称ROE），又称股东权益报酬率、净值报酬率、权益报酬率、权益利润率或净资产利润率，是净利润与平均股东权益的百分比，是公司税后利润除以净资产得到的百分比率，该指标反映股东权益的收益水平，用以衡量公司运用自有资本的效率。

② ROIC：资本回报率（Return on Invested Capital，简称ROIC），是指投出和/或使用资金与相关回报（回报通常表现为获取的利息和/或分得利润）之比例。用于衡量投出资金的使用效果。投入资本回报率是用来评估一个企业或其事业部门历史绩效的指标。

第四章

把财报读出小说的感觉

一、财务指标：给公司做一个全身检查

通过前面章节的学习，你应该对财报中的每一个财务科目都不陌生了。但是，无论哪个科目，我们都很难从单个的绝对数值，判断公司是好还是坏。比如，2018年，伊利股份的营收是789亿，而香飘飘的营收是32.5亿。根据这两个数字，你能判断出哪个公司更有投资价值吗？

如果两个公司所处的行业不同，就更难判断了。比如，2018年，格力电器的营收是2000亿，而贵州茅台的营收是772亿，你能判断出这两家公司谁发展得更好吗？

当我们遇到这些问题的时候，就需要借助一些财务指标了。通过财务指标以及一些简单的横向和纵向对比，我们就可以了解一个公司的发展是好是坏。具体来说，我们要重点关注公司的偿债能力、盈利能力、盈利质量、成长能力、运营能力等，下面分别进行介绍。

1. 偿债能力

首先，我们来了解下如何分析企业的偿债能力。

一个企业究竟是否存在财务风险，首先需要了解这个企业的负债情况。反映企业负债情况的指标有很多，最常见的是资产负债率。

资产负债率＝负债÷资产

有些行业的资产负债率普遍偏高，比如房地产行业，普遍在80%以上；有些行业的资产负债率普遍偏低，比如酿酒行业，普遍在30%以下。

要想判断一家企业的资产负债率情况究竟是高还是低，需要与同一行业的其他公司进行对比。比如，如果想要知道碧桂园的资产负债率高不高，那么就要与其他几家房地产企业进行对比。通过对比，我们会发现，碧桂园的资产负债率在这两年快速攀升。截至2018年年底，资产负债率超过了其他一线地产商，如表4-1：

表 4-1　各公司 2016—2018 年负债率情况

上市公司简称	2018 年资产负债率（%）	2017 年资产负债率（%）	2016 年资产负债率（%）
万科 A	84.58	88.89	86.20
华夏幸福	86.64	81.10	84.78
中国恒大	83.58	83.98	80.53
新城控股	84.57	85.84	84.13
保利地产	77.96	77.27	74.76
碧桂园	89.35	86.25	85.74

注：表格数据根据各公司2016—2018年财报整理。

除了资产负债率，还有其他反映负债情况的指标，比如净资产负债率、利息保障倍数等，这些指标用公式来表示就是：

净资产负债率＝负债总额÷所有者权益

利息保障倍数＝（利息总额+利润总额）÷利息总额

现金净流量与到期债务比＝经营现金净流量÷本期到期的债务

现金净流量与流动负债比＝经营现金净流量÷流动负债

现金净流量与债务总额比＝经营现金净流量÷债务总额

在“负债：如何判断一家公司是否缺钱”这一节中，我们曾经分析过，我们真正要关心的是，现金及现金等价物是否能够覆盖需要偿还的有息负债。这一判断标准用公式来表达就是：**现金及现金等价物÷有息负债≥1。或适度放宽为：（货币资金+金融资产净值）÷有息负债≥1**。

在实际中，长期债务不可怕。作为投资人，我们更关心的是，公司是否能够及时偿还即将到期的短期债务。这时候就可以用到我们之前说过的：**流动比率和速动比率**。

流动比率＝流动资产÷流动负债

速动比率＝（流动资产−存货）÷流动负债

一般来说，如果一个公司的流动比率接近2，速动比率接近1时，就说明企业资产负债结构比较健康。但是这也不是绝对的，不同行业，对这个比率的要求有所不同。

当企业拥有很多负债尤其是短期负债，但又无法按时偿还时，一般就可能存在较高的财务风险。

2. 盈利能力

如果企业的偿债能力没有问题，接下来我们就要继续看看企业的盈利能力怎样。

判断企业的盈利能力，一般有两个视角：**一个是利润表的视角，一个是资产负债表的视角**。

从利润表的角度来看，我们主要关注毛利率、营业利润率、销售净利率等。

营业利润率＝（营业收入−营业成本−三费）÷营业收入

毛利率＝（营业收入−营业成本）÷营业收入

净利率＝净利润÷营业收入

以白酒行业为例，贵州茅台无论从毛利率、营业利润率还是销售净利率来看，全都大幅超过其他白酒品牌，由此可以看出，贵州茅台具有很强的竞争力，如表4-2：

表 4-2　2017 年各酒类上市企业的毛利率、利润率、净利率的比较

企业名称	销售毛利率（%）	营业利润率（%）	销售净利率（%）
贵州茅台	89.80	63.67	49.82
古井贡酒	76.43	22.81	17.01
口子窖	72.90	43.33	30.91
五粮液	72.01	44.37	33.41
山西汾酒	70.95	32.72	23.57
洋河股份	74.79	48.95	36.44

注：表格数据根据各公司2017年财报整理。

我们还可以从费用率的角度来反推一个企业的盈利能力，比如整体的费用率、销售费用率、管理费用率等。

关于这部分的内容，在“营业费用：如何才能花小钱办大事”这一节中已经有比较详细的描述。

另外，从资产负债表的角度，我们还可以用ROE和ROA[①]来反映一个公司的盈利能力。

净资产收益率＝净利润÷平均净资产

总资产收益率＝净利润÷平均总资产

① ROA：总资产回报率，也叫总资产收益率，它是用来衡量每单位资产创造多少净利润的指标。它是评估公司相对其总资产值的盈利能力的指标。

其中，最常用的是ROE，也就是净资产收益率。ROE是巴菲特最看重的指标之一，他曾经多次强调：“我们用净资产收益率衡量一家公司经营的好坏。”这是因为净资产收益率反映了企业股东获取投资报酬的高低，也就是说，它可以告诉你股东投入的每一块钱能获得多少回报。

而总资产收益率（ROA）告诉我们的是，企业的股东以及债权人共同投入的每一块钱能获得多少回报。所以，ROA考虑了负债在获利能力中所扮演的角色。如果两家企业的ROE相同，那么ROA较小的企业为了获得相同的收益需要借更多的债，因此它的经营风险就更大一些。通过分析贵州茅台、五粮液等5家白酒企业的ROE、ROA发现，贵州茅台的ROE和ROA都比较高，经营很稳健，见表4-3：

表 4-3 各酒类上市企业 2017 年净利润、ROE、ROA 数据比较

企业名称	净利润（亿元）	净资产收益率 ROE（%）	总资产收益率 ROA（%）
五粮液	101.0	19.38	15.18
贵州茅台	76.4	32.95	23.44
洋河股份	66.2	24.08	16.13
古井贡酒	11.9	19.09	13.62
口子窖	11.1	24.00	16.60
山西汾酒	10.0	19.04	12.22

注：表格数据根据各公司2017年财报整理。

除了与同行业的其他公司比，还可以与公司自己的过去相比，看看企业的盈利能力是上升了还是下降了。在图4-1中，格力电器的各项利润率都表现出平

稳上升趋势，可以判定其盈利能力不仅较强，而且还呈现逐年增长的趋势。

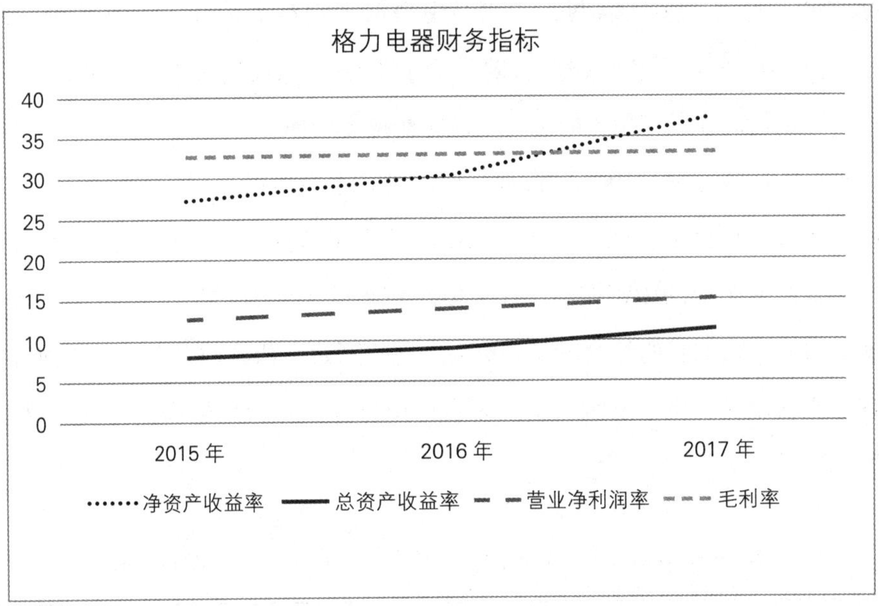

图4-1　格力电器2015—2017年各项财务指标变化趋势

再讲一个反映企业盈利能力的财务指标资本回报率（ROIC）。

资本回报率＝扣除调整税后的净营业利润÷投入资本

其中，**扣除调整税后的净营业利润＝息税前利润×（1–税率）=（营业利润+利息支出）×（1–税率）；投入资本＝股东权益+有息负债–现金及其等价物＝总资产–无息流动负债**[①]**–商誉**。

也就是说，**资本回报率＝息税前利润×（1–税率）÷（股东权益+有息负债–现金及其等价物）**。在这个公式中，分子是指一家公司如果完全以权益筹资所应报告的税后利润；分母是指公司的经营性可产生利润的资产，即股东权益

① 无息流动负债＝应付票据+应付账款+预收款项+应付职工薪酬+应交税费+其他应付款+预提费用+流动负债中递延收益+其他流动负债

加上有息负债，减去非经营性资产（通常来讲是现金及其等价物，及其一些资本化非经营项）。

资本回报率反映的是生产经营活动中**所有投入资本赚取的收益率**，而不论这些投入资本的来源是债务还是权益。ROIC是比ROA和ROE更全面、更好的一种度量盈利能力的工具。这是因为，与ROE相比，ROIC去除了公司不同的融资结构对盈利能力造成的影响，使用ROIC将有助于投资者将关注的核心聚焦在核心业务的盈利能力上。

2017年至2018年，监管层一直在强力去杠杆。在这种背景下，很多行业或公司的ROE受到杠杆率下行的影响而出现下行，但这并不意味着这个公司的盈利能力发生了恶化。这个时候，用ROIC来分析就可以更好地反映公司的真实情况。数据显示，在本轮去杠杆过程中，一些企业虽然ROE出现了回落，但ROIC依然持续回升，这样的企业值得我们关注。

3. 盈利质量

在前面的章节中，我们已经知道，有些企业看起来很赚钱，盈利能力很强。但实际上，那些利润只是纸上富贵，并不能真的把钱挣到手。因此，我们不仅要看一个企业的盈利能力怎么样，还要看它的盈利质量怎么样。判断盈利质量，主要通过下面两个指标：**销售商品、提供劳务收到的现金除以营业收入，简称“收现比”；经营活动现金流净额除以净利润，简称“净现比”**。关于这两个指标，曾在前文的“经营活动现金流：公司真的挣到钱了吗”这一节中提到过。

如果，收现比大于等于1.13，意味着公司的所有销售基本上没有赊账，全都转化成了现金。说明这样的公司，盈利质量特别好。比如海天味业，一直以来，由于都采取“先付款，后发货”的销售模式，销售商品、提供劳务收到的现金与营业收入的比例基本上是大于1.13的。

表 4-4　海天味业销售商品、提供劳务收到现金和营业收入对比

单位：亿元

年份	销售商品、提供劳务收到的现金	营业收入	1.17× 营业收入
2015 年	123	113	132.21
2016 年	153	125	146.25
2017 年	180	146	170.82

注：增值税税率2018年5月起从17%降为16%，自2019年4月起降为13%。此表为2018年以前数据，用税率17%。

如果一家公司的净现比比值大于1，说明这家公司赚到的净利润，没有任何水分，全都转化成了真金白银。

不过，值得一提的是，过度追求盈利质量也不见得是件好事。像海天味业这样的消费企业可以实行“先付款，再发货”的模式。但是，在大部分行业都是“先发货，再付款”。如果盈利质量太好，反而说明公司的销售政策比较严格，不利于企业的快速发展。所以，当我们用这些指标来分析公司的时候，一定要结合公司的业务来做判断，千万不能犯教条主义的错误。

4. 营运能力

分析企业的营运能力，其实就是在给管理层的管理能力打分。

设想一下，如果一个企业的应收账款总是回收困难，库房里总是有太多的库存积压，固定资产的使用效率总是很低，那么很显然，这都是管理层管理能力不足，运营效率低下的表现。

观察管理层能力的指标主要包括：**应收账款周转率、存货周转率、固定资**

产周转率、总资产周转率等。这几个指标都带有“周转率”三个字，这说明如果管理层能在一个固定时间内，最大程度地利用好企业资源，让各项资产最有效率地周转起来，就证明这个管理层是优秀的。

我们先来说说应收账款周转率。

应收账款周转率＝营业收入÷平均应收账款

其中，平均应收账款＝（期初应收账款总额+期末应收账款总额）÷2。

从这个公式可以看出，应收账款在一年内转化为现金的速度越快，就说明回款情况越好，营运能力越强。

我们都知道，公司销售商品、提供劳务后，要么收到现金，要么收到白条。所以，应收账款与营业收入的比值也可以反映盈利质量的好坏。**这个比值越小，说明盈利质量就越好。**而应收账款周转率就是这个比值的倒数，分子是营业收入，分母是应收账款。由此可见，应收账款不仅可以反映企业的营运能力，还可以反映企业的盈利质量。

但是就跟上一节所讲的一样，如果盈利质量太好，也不见得是好事。应收账款周转率太高，也可能意味着，公司的销售政策非常苛刻。

另外一个重要的周转率是存货周转率。公式是：

存货周转率＝营业成本÷存货平均余额

其中，存货平均余额＝（期初存货总额+期末存货总额）÷2。

企业存货周转率越高，说明存货占用的资金越少，这不仅说明企业的产品广受市场欢迎，还可以节省大量的库存保管费用。

下面再来说说总资产周转率：

总资产周转率＝营业收入÷平均总资产

总资产周转率可以反映企业整体资产的利用效率如何。总资产周转率越高，反映企业管理层对总资产的运用能力越强。

最后再说下固定资产周转率。

固定资产周转率＝营业收入÷固定资产平均净值

这个指标反映的是企业的厂房、设备等固定资产的使用效率如何。另外还可以通过这个指标来区分这个企业是“轻资产企业”还是“重资产企业”。

说到周转率，就不得不说说2018年被推上风口浪尖的碧桂园。根据《中国企业家杂志》在2018年7月30日的报道，截至2018年7月31日，在不到40天的时间里，碧桂园施工工地塌陷3次，7人死亡，出现多人受伤。为什么碧桂园突然在2018年爆出了这么多的安全事故？市场普遍认为，根本原因就是碧桂园的高周转。

在房地产行业，包括万科、恒大、万达等大型房企都对“高周转”十分看重。因为整体周转率提升，有助于提高企业的资金使用效率，降低资金成本。而碧桂园更是把高周转做到了极致——碧桂园在三四五线城市奉行“456”原则，也就是4个月开盘、5.5个月资金回正、6个月资金再周转。但是，做到高周转并不容易，由于房地产开发有着非常复杂和精细的流程，高周转不仅要求企业有卓越的组织能力和管理水平、成熟的产品线规划，还需要与政府部门有顺畅的沟通，与各级供应商有长期合作关系。如果不能在各个方面做到极致，或者管理不善，就很有可能会导致工程质量以及安全问题的爆发。

碧桂园的例子告诉我们，企业的各项周转率不是越高越好，要根据实际情况进行具体分析。

5. 成长能力

最后，我们再来了解下与成长能力相关的指标。

“成长性”是很多投资者都挂在嘴边的一个词，所有人都希望能买到一只高成长的股票。但是，成长性究竟指的是什么呢？企业的成长性同样可以从收入和资产两个角度来看。

从收入的角度来看，反映成长能力的指标主要包括：营业收入增长率、营业利润增长率以及净利润增长率等。

营业收入增长率=（本期营业收入-上期营业收入）÷上期营业收入

营业利润增长率=（本期营业利润-上期营业利润）÷上期营业利润

净利润增长率=（本期净利润-上期净利润）÷上期净利润

从资产的角度来看，反映成长能力的指标主要包括：总资产增长率、净资产增长率。

总资产增长率=（本期总资产-上期总资产）÷上期总资产

净资产增长率=（本期净资产-上期净资产）÷上期净资产

在实际中，我们一般会用营收增长率和净利润增长率来判断企业的成长性。根据成长性的不同，彼得·林奇将所有的股票分成了6大类，分别是：缓慢增长型、稳定增长型、快速增长型、周期型、资产隐蔽型以及困境反转型。

缓慢增长型：是指体量大，风险较少，增长缓慢，增长率在10%以内的公司，比如银行等蓝筹股。

稳定增长型：是指体量中等，风险适中，增长稳定，增长率在10%—20%的公司，比如格力电器等白马股。

快速增长型：是指体量较小，风险较大，增长快速，增长率在20%—40%的公司，比如创业板上的科技股。

一些公司成长太快，这时候，我们就要考虑它的持续性问题了。要么是签了大单，昙花一现；要么是一种周期性情况。所以，**周期型公司**，是指体量不定，风险较大，周期性强，处于要么赚很多要么亏很多的区间，这类公司对应的表现就是利润高时PE（市盈率）极低，利润亏损时PE（市盈率）无限大。

另外两种，虽然与成长性无关，但也在此介绍下：

资产隐蔽型：是指公司体量不定，风险较小，存在暂未被众人发掘的隐蔽资产，如土地等，而一旦被众人发掘收益可观。

困境反转型：是指因为产品被替代而陷入困境，当研发出新的产品能再次占领市场时，情况会再次截然不同，收益更是可观。

二、杜邦分析：更快、更高、更强

上一节，我们学习了常见的财务比例，可以有针对性地对一个企业的盈利、偿债、营运能力等进行分析。在这么多指标中，最重要的指标是净资产收益率，也就是ROE。就连巴菲特也曾说过，“公司经营管理业绩的最佳衡量标准，是净资产收益率的高低，而不是每股收益的高低”。

ROE反映的是，股东每投入1块钱能够带来多少钱的利润。举个简单的例子：你出资100万，又找老张借了100万，开了一个包子铺。所以，在会计上，你投入的100万是股东权益，你向老张借的100万是公司负债。如果第一年扣除各种成本、费用（包括老张的利息费用）后还赚了25万，那么你包子铺的ROE（净资产收益率）就是25%。这里计算的方法就是用25万的净利润除以你个人出资的100万。

这时候，隔壁小李看你开包子铺赚钱了，于是也开起了包子铺。不过，他的做法跟你不同。他自己出资100万，另外又朝老张和老王各借了100万，相当于总共投资了300万。一年下来他净赚50万，那么他的包子铺的ROE就是50%。为什么小李赚的比你多？道理很简单，小李敢借钱。用专业术语来表达就是，小李敢于“加杠杆”。由此可见，小李包子铺更高的ROE是加杠杆加出来的。

从这个故事，你可以得到什么样的结论？你可能会说，做生意还是要敢于加杠杆。那么只能说，你只看到了好处，忽略了它的隐患。2017年以来，政府大力推动去杠杆，很多负债率高的企业过得都很艰难。

不过，加杠杆是好是坏，不是本节的重点，本节的重点是：这个例子说明，净资产收益率的高低不仅跟你卖的包子好不好吃有关系，还跟你借了多少钱来经营有关系。

但是，这会不会只是我们的一个直观感受，有没有理论依据呢？当然是有的，这就是下文要介绍的杜邦分析。

1. 三种不同的商业模式

1912年，在美国杜邦公司工作了三年的销售人员法兰克·唐纳德森·布朗（Frank Donaldson Brown），为了向公司管理层阐述公司运营效率问题，写了一份报告。报告中写道"要分析用公司自己的钱赚取的利润率"，并且他将这个比率进行了拆解。于是，杜邦分析就诞生了。

我们知道，净资产收益率ROE的计算公式是：**净资产收益率=净利润÷净资产**。

将这个公式进一步拆分，我们就可以得到下面这个看起来有点复杂的公式：

$$\text{净资产收益率}=\frac{\text{净利润}}{\text{净资产}}=\frac{\text{净利润}}{\text{销售收入}}\times\frac{\text{销售收入}}{\text{平均总资产}}\times\frac{\text{平均总资产}}{\text{净资产}}$$

$$=\text{销售净利率}\times\text{资产周转率}\times\text{权益乘数}$$①

其中，

$$\text{权益乘数}=\frac{1}{\frac{\text{净资产}}{\text{平均总资产}}}=\frac{1}{1-\frac{\text{负债}}{\text{平均总资产}}}=\frac{1}{1-\text{资产负债率}}$$

由此可见，杜邦分析法告诉我们的是一家企业经营制胜的秘诀，简单概括起来就是：更快，更高，更强。具体来说就是：**更快的周转率（资产周转**

① 权益乘数：股东权益比例的倒数，也就是企业的资产总额是股东权益总额的多少倍，是杜邦分析法中的一个指标。权益乘数反映了企业财务杠杆的大小，权益乘数越大，说明股东投入的资本在资产中所占的比重越小，财务杠杆越大。

率），更高的杠杆（权益乘数），更强的获利能力（销售净利率）。

巴菲特曾说：“我所选择的公司，都是净资产收益率ROE超过20%的好公司。”那么A股中，有没有这样的上市公司呢？

经过统计，近十年来，ROE一直保持在20%以上的公司有13家（见表4–5），分别是：贵州茅台、海康威视、恒瑞医药及信立泰等企业。主要集中在食品饮料、医药等行业。

表4–5 近十年ROE较高的上市公司

公司简称	所属行业	公司简称	所属行业
双汇发展	食品饮料	恒瑞医药	医药生物
贵州茅台	食品饮料	信立泰	医药生物
海天味业	食品饮料	格力电器	家用电器
洋河股份	食品饮料	美的集团	家用电器
伊利股份	食品饮料	精测电子	机械设备
承德露露	食品饮料	海康威视	电子
华东医药	医药生物		

注：表格资料根据各公司近十年财报整理。

可见，A股的优等生并不少。如果你用杜邦分析对这些公司进行拆解，就会发现，它们的优秀各不相同。

2. 更快：总资产周转率

并不是所有行业都能像茅台那样产生较高的销售净利率。这时候，如果公司想获得高的ROE，那就只能依赖于管理层的营运能力了。

一般而言，固定资产较少，或者存货流动性超强的企业都有高周转的特点。比较典型的就是超市行业和制造业行业。

表 4-6　典型公司总资产周转率对比

公司名	2017 年总资产周转率（%）
沃尔玛	248.0
飞科电器	127.6
美的集团	115.6
格力电器	75.5
泸州老窖	62.2
贵州茅台	49.3
招商银行	3.6
建设银行	2.9

注：表格数据根据各公司2017年财报整理。

在表4-6列举的企业中，沃尔玛的资产周转率是最高的；其次是美的电器等家电企业；而贵州茅台、招商银行们的周转率都比较低。所以，我们一般会把依靠高周转而获得高ROE的公司称为“沃尔玛模式”。

3. 更高：权益乘数

如果一个公司获得高ROE的方式，主要依赖更高的权益乘数，或者说更高的杠杆，那么就非常值得警惕了。因为杠杆具有助涨助跌的作用。就像本节开头说的包子铺。赚钱的时候，你会认为高杠杆真好。但是，如果经营不善，出现亏钱的时候，那么高杠杆就会让你亏得更厉害。当然，有些行业本身就是依靠杠杆发展起来的，比如银行业。银行的商业模式就是“先吸收存款，再放贷投资”赚取“存贷差”。实际上，整个金融业都是建立在杠杆之上的。这也是为什么2008年金融危机发生时，最先倒闭的是雷曼兄弟这样的银行。因此，依靠高杠杆获得高ROE的公司，我们可以称之为“银行模式”。

对于银行、房地产这样的行业，依靠高杠杆发展还能理解。最值得担忧的是，本来应当依靠高毛利的公司，却玩起了高杠杆。

说到这里，就不得不提乐视网。乐视网在2012至2014年的资产负债率分别为56.11%、58.58%、62.23%，已经算是比较高的负债率了。而到了2015年，乐视网的资产负债率一下子猛增到77.53%，这说明乐视网已经过于依赖高杠杆的作用了。想依靠高杠杆获得高ROE，是乐视网悲剧的开始。

4. 更强：销售净利率

盈利能力强是企业最核心的竞争力和屹立不倒的根基，而高毛利是一个企业具有强大竞争力的直观表现。以酿酒行业为例，对比业内ROE排名前五的企业来看（见表4-7），我们会发现贵州茅台的销售净利率远远超过其他四家。

表 4-7 白酒行业高 ROE 公司对比

公司名称	净利率（%）				总资产周转率（%）	权益乘数	ROE
	2015 年	2016 年	2017 年	2018 年	均值	均值	均值
贵州茅台	50.4	46.1	49.8	51.37	44.5	139.8	27.9
洋河股份	33.4	33.8	33.2	33.59	49	147.8	24.3

续表

公司名称	净利率（%）				总资产周转率（%）	权益乘数	ROE
	2015 年	2016 年	2017 年	2018 年	均值	均值	均值
口子窖	23.4	27.7	30.9	35.9	55.6	140.3	24
金微酒	14	17.4	19	17.68	63.2	168.8	18.9
今世缘	28.2	29.5	30.3	30.8	45.7	134.9	17.9

注：表格数据根据各公司2015—2018年财报整理。

如果将前五名的净利率用折线图表示，可以更明显地体会这一点。由图4-2可见，在酿酒行业，谁的净利率越高，证明谁的品牌力更强，谁就更有实力成为龙头。因此，我们可以把这些依靠高净利率而获得高ROE的企业称为“茅台模式”。

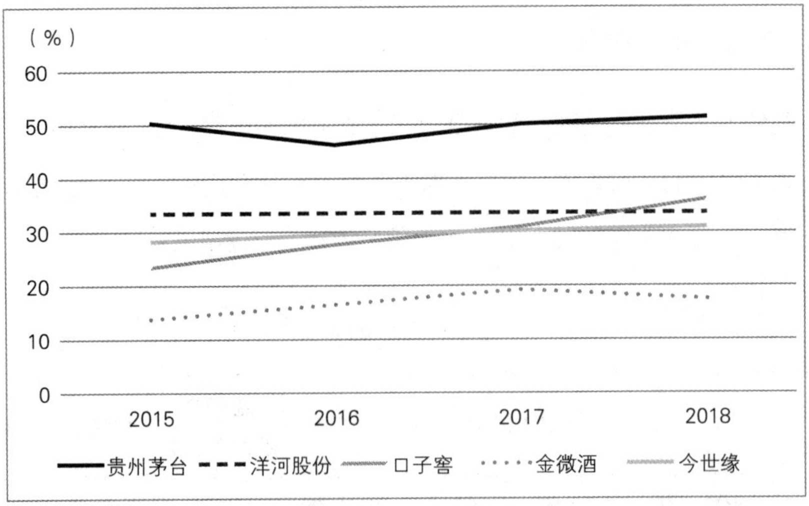

注：图中数据根据各公司2015—2018年财报整理。

图4-2　白酒行业高ROE公司净利率对比

三、运用对比，学会看财报

至此，我们已经把三大报表以及所有的财务科目全都介绍完了。但你可能觉得，内容都看懂了，但是到了真正分析报表的时候，还是一头雾水，找不出关键问题的所在。那怎样才能通过财报，把一个公司的“问题”找出来呢？方法其实很简单，那就是：对比。生活当中，我们几乎时时刻刻都在进行“对比”。

比如，你有时候可能会感觉，钱越来越不够花了。为什么会有这种感觉？那是因为，你的消费观念和物价水平发生了变化，你在拿今天的生活状况和昨天进行比较。同样的工资，以前过得有滋有味，现在却过得捉襟见肘。

曾经有篇文章在社交媒体上广为传播，题目叫《你的同龄人正在抛弃你》。其作者就是不断用“平凡的你”与“优秀的同龄人”进行对比，从而得出了令人焦虑的结论：你的同龄人正在抛弃你。

用今天和过去对比叫“纵向对比”，用你和同龄人对比叫“横向对比”。这两种对比的方法也是我们在读财报时最常用的方法。一旦你学会了使用“对比”这个技能，你会发现，你不仅拥有了一双发现问题的眼睛，还可以把财报读出小说的感觉来。下面，我们就用对比的方法来分析一下三大报表。

1. 资产负债表

资产负债表，顾名思义，就是反映一家企业究竟有多少资产，有多少负债的报表。当一个人的房产、汽车等资产很多时，我们就会说这个人有实力。对于一个企业也一样，企业控制资产的多少，也是一个企业实力高低的证明，同时也决定了企业持续经营和成长的能力的高低。

具体来说，我们在阅读一家公司的资产负债表时，需要关注它的资产构成，从而判断公司是重资产企业，还是轻资产企业；通过观察应收款项和应付款项，了解公司在上下游的议价能力；通过对比公司的流动资产和流动负债，从而判断公司是否存在偿债风险；另外，通过商誉等特殊项目，我们还可以得到关于企业并购的相关信息。

当然，就像本节开头所说的，我们要用“对比”的方法，得到我们想要的答案。

举个例子，我们先来看看养猪领域的龙头企业——温氏股份。

截至2018年，温氏股份的货币资金是17.98亿。17.98亿是多还是少呢？要想回答这个问题，我们就得对比一下。

通过纵向对比温氏近5年的货币资金变化，你会发现，公司的货币资金总量基本上维持在10亿以上，是比较稳定的。

表 4-8　温氏股份和牧原股份 2013—2018 年货币资金对比

单位：亿元

公司	2013 年	2014 年	2015 年	2016 年	2017 年	2018 年
温氏股份	13.2	14.7	14.9	7.92	11.3	17.98
牧原股份	1.88	3.38	8.36	9.84	42	27.78

注：表格数据根据各公司2013—2018年财报整理。

表 4–9 温氏股份和牧原股份 2017 年财务指标对比

单位：亿元

公司	总资产	货币资金	流动资产
温氏股份	490	11.3	197
牧原股份	433	17.5	285

注：表格数据根据各公司2017年财报整理。

如果再与另外一家养猪企业牧原股份进行横向对比，如表4–8、表4–9，你会发现，温氏股份的市值和营收都远远大于牧原股份，但是牧原股份2017年的货币资金却远远高于温氏股份。那么温氏股份的货币资金为什么会这么少？通过温氏股份的“其他流动资产”科目，你会发现，原来公司有高达61亿的理财产品。所以，我们可以认为，2017年温氏股份是有72亿的货币资金可用的。

表 4–10 温氏股份和洋河股份 2017 年资产对比

单位：亿元

公司	固定资产	在建工程	存货
温氏股份	144	36.1	113
洋河股份	82.5	2.34	129

注：表格数据根据各公司2017年财报整理。

但是，如果我们打开洋河股份的财务报表就会发现，洋河与温氏的总资产规模差不多，但是洋河股份的货币资金加理财资金却高达150亿，差不多是温氏的2倍。

通过这样的对比，问题就来了：温氏股份的资金去哪儿了？继续深挖温氏股份的资产负债表，就会发现，固定资产、在建工程、存货是温氏股份占比最高的三个资产。相比之下，洋河虽然存货也不少，但是固定资产和在建工程却远远小于温氏股份，如表4-10。

这样，我们就可以得出一个结论：像温氏股份这样的企业，大部分资金都凝结到固定资产和存货中去了，这正是养殖类企业的通病。

而说到固定资产，就不得不提尔康制药。一方面，通过纵向对比尔康制药2014—2016年财报发现，尔康制药的固定资产从2014年底的7.19亿增长到2016年底的17.69亿，年复合增长率高达56.86%。另一方面，通过对比化学制药行业市值前五名的公司（见表4-11），以及与尔康制药从事类似业务的山河药辅，人们还发现尔康制药固定资产占总资产的比例，远远高于其他公司。

表4-11　各企业固定资产占总资产比例

单位：亿元

公司	固定资产（含在建工程净额）	总资产金额	占比（%）
尔康制药	22.93	60.48	37.91
山河药辅	1.29	7.09	18.19
恒瑞医药	23.28	223.6	10.41
康弘药业	4.41	51.94	8.49
济川药业	21.83	77.97	28.00
信立泰	11.72	79.04	14.83

注：表格数据根据各公司2017年财报整理。

说到医药类企业，我们再来看看这个行业的两大巨头：复星医药和恒瑞医药。根据这两家企业各自的财报，2017年，复星医药的资产负债率为52.01%，恒瑞医药的资产负债率为11.62%，复星医药的资产负债率远远高于恒瑞医药，说明复星医药的资产盈利能力远远差于恒瑞医药。

那么这种状况是怎么造成的？通过“商誉”这个科目，你就能找到答案。截至2017年年底，复星医药的商誉是84.6亿元，而恒瑞医药的商誉是0。那么，答案也就比较清楚了：恒瑞医药的成长靠的是内生式成长，以研发取胜；而复星医药靠的是外延式成长，以并购见长。哪一种方式更好呢？其实，市场早已经给出了答案。复星医药的市值是900亿，而恒瑞医药的市值是2600亿，差不多是复星医药的3倍。

这是不是说，靠并购来发展就一定不好，只有内生发展才是王道呢？其实，也不是。我们可以继续看一下家电领域的两大巨头格力电器和美的集团。截至2017年年底，格力电器的商誉依然是0，而美的集团的商誉却高达289亿。美的集团的商誉从何而来？打开美的集团的财务报表可以知道（见表4-12），公司的商誉主要来自对小天鹅、德国库卡等企业的并购。

表 4-12 美的 2017 年商誉构成

单位：元

公司	2016 年 12 月 31 日	本年新增（附注）	外币报折算差	2017 年 12 月 31 日
无锡小天鹅股份有限公司	1,361,306	—	—	1,361,306
Clivet	498,724	—	—	498,724
美的开利拉美公司	614,728	—	−45,235	569,493
TLSC	2,697,290	75,190	−77,125	2,695,355

续表

公司	2016年12月31日	本年新增（附注）	外币报折算差	2017年12月31日
KUKA集团	—	20,698,212	1,504,357	22,202,569
其他	558,947	1,005,715	11,676	1,576,338
合计	5,730,995	21,779,117	1,393,673	28,903,785

注：表格数据根据美的集团2017年财报整理。

从目前来看，美的的这几次并购都比较成功。以至于，格力电器这两年也开始打算效仿美的集团，走多元化道路了。

接下来，我们用对比法来分析利润表和现金流量表，继续把财报读出小说的感觉来。

2. 利润表

在序章“每个丈母娘都是财务专家”中，我们提到，资产负债表是用来记录你有多少房产、车子的，而利润表是用来反映你一年下来能挣多少钱的。所以，对企业而言，利润表反映的是企业一段时间内的经营成果，反映的是一个企业的赚钱能力。

在利润表中，我们最关心的几个财务科目包括营业收入、营业利润、净利润等，我们最关心的几个财务指标是毛利率、净利率、费用率等。和看资产负债表一样，单纯地盯着一张利润表上的那些数字，我们几乎看不出任何问题，最关键的还是两个字：对比。

经常有人问：为什么银行的盈利能力那么强，而股价却涨得那么慢呢？

表 4-13 五大上市银行财务数据对比

单位：亿元

企业简称	营业收入	净利润	ROE（%）	净利率（%）	毛利率（%）
工商银行	7,265	2,875	14.35	39.57	49.80
建设银行	6,217	2,436	14.80	39.18	47.97
农业银行	5,370	1,931	14.57	35.96	43.82
中国银行	4,833	1,850	12.24	38.28	46.00
交通银行	1,960	831	11.40	42.40	42.40

注：表中数据来自各企业2018年财报。

要想回答这个问题，我们的方法依然是对比。我们把中农工建交这五大行近五年来的营收和利润增速做个纵向对比（见表4-13、表4-14），你就会发现，尽管五大行的盈利能力强，营业收入规模很大，但是，成长性太差了，平均每年的增速在5%左右。

我们再来横向对比下贵州茅台、格力电器、利雅得、星宇股份、恒瑞医药这些股票，你会发现，这些股票之所以迭创新高，根本原因是，它们的成长性很高。尽管，它们的营业收入和净利润都远远小于银行股（见表4-14、图4-3、图4-4）。

表 4-14 上市银行与高成长性上市公司的比较

项目	工商银行	建设银行	农业银行	中国银行	交通银行	贵州茅台	格力电器	利雅得	星宇股份	恒瑞医药
营业收入平均增长率（%）	5.5	5.2	4.0	4.5	4.6	18.6	8.4	11.7	27.3	22.2

续表

项目	工商银行	建设银行	农业银行	中国银行	交通银行	贵州茅台	格力电器	利雅得	星宇股份	恒瑞医药
净利润平均增长率（%）	23	32	39	32	32	18.4	21.8	600	21.6	267
营业收入平均值（亿）	6697	5822	5125	4577	1850	385	1224	0.69	27.46	95.74
净利润平均值（亿）	2767	2296	1807	1779	667	191	152	0.07	320	2200

注：相关资料由各企业2013—2018年财报数据统计得出。

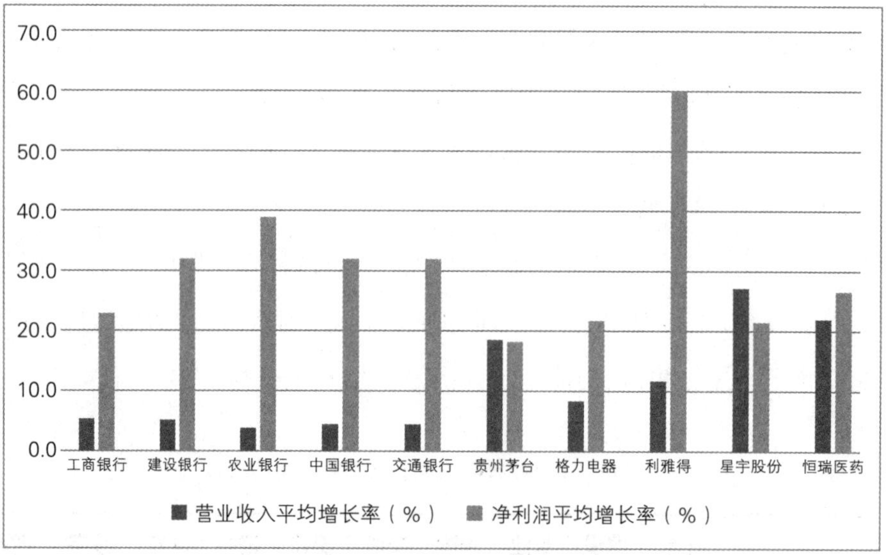

图4-3　上市银行和高成长性企业的增长速度比较

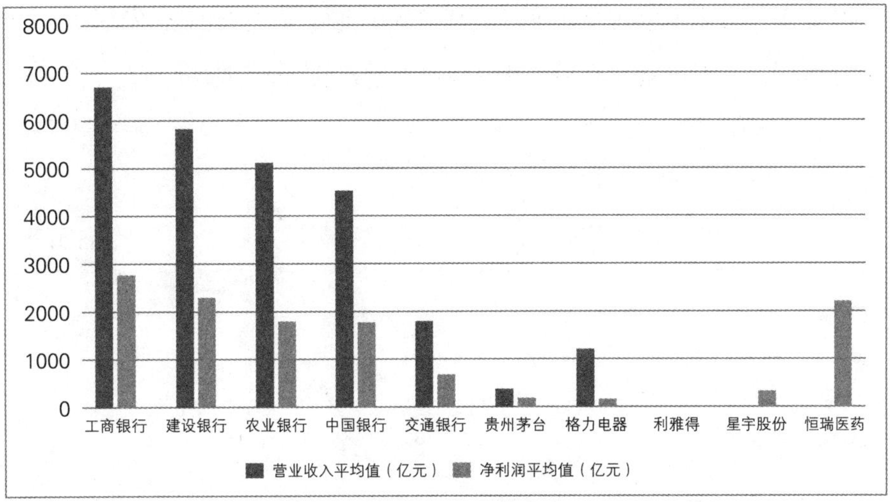

图4-4 上市银行和高成长性企业的收入利润均值

如此，我们就可以得出结论：**股价涨不涨，关键还是看一个企业的成长性如何。**

那成长性是怎么来的呢？巴菲特的回答是：要有宽阔的护城河。什么样的财务指标可以反映公司护城河的宽窄呢？答案是毛利率、净利率、费用率这些反映盈利能力的指标。

如果我们通过纵向对比，发现一个企业的毛利率在不断上升，那么很有可能遇到了大牛股。比如，2017年的大牛股方大炭素，用了3个月的时间暴涨了4倍。通过其2017年的财务报表，你会发现，除了营业收入暴涨了249%以外，公司的毛利率也从2016年的25.4%暴涨到了76.59%。

一般来说，收入暴增并不奇怪，只要签个大单就能实现。但是，毛利率暴增是非常罕见的。要知道，在一个成熟的行业里，毛利率每增加1%都极为困难，更不要说是增长50%了。

有人可能会说，这样的分析都是事后诸葛亮。能不能提前发现这样的投资机会呢？其实只要把方大炭素每个季度的毛利率变化进行一番梳理就会发现：自从2016年一季度以来，方大炭素的毛利率就呈现逐季增长的态势（见图4-5）。

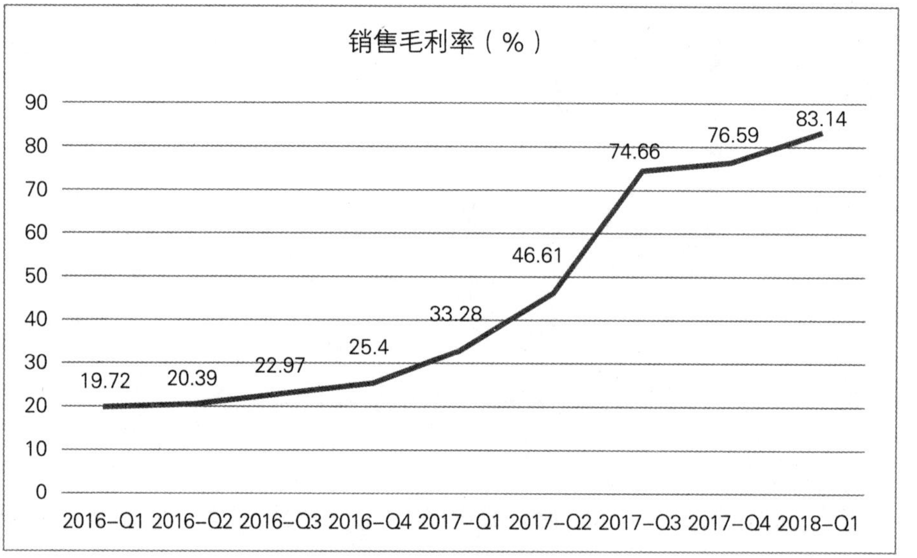

注：数据来自方大炭素2016年至2018年各季度财报。

图4-5 方大炭素2016年一季度至2018年一季度毛利率变化趋势

在前面的章节中提过，一个公司如果突然间变得优秀，一定要找到背后的原因。那么，方大炭素毛利率逐季增长的原因是什么呢？经过研究发现，原来是因为方大炭素的下游产业链需求爆发，导致了方大炭素的产品供不应求，不断涨价，所以才出现了毛利暴增的现象。

方大炭素主要生产石墨及炭素新材料，碳纤维、特种炭制品、高纯石墨制品、锂离子电池负极材料等，产品广泛应用于冶金、能源、化工、机械等行业和高科技领域。

但是，我们也要注意，很多时候，优秀得不太真实，往往是有问题的。在“毛利率：太优秀也是一种错”这一节中列举了很多太优秀，但是找不到合理原因的公司。这样的公司是需要我们小心提防的。

最后，我们还要注意的是，除了毛利润、营业利润和净利润以外，还有一个教科书中没有正式命名，但在实践中却很常用的利润指标叫作销售利润，又叫“核心利润”。

根据最新的会计准则，利润表的编排如下：

1	营业收入
2	营业成本
3	税金及附加
4	销售费用
5	管理费用
6	财务费用
7	资产减值损失
8	**其他经营收益**
9	公允价值变动净收益
10	投资净收益
11	其中：对联营企业和合营企业的投资收益
12	汇兑净收益
13	资产处置收益
14	其他收益
15	**营业利润**
16	加：营业外收入
17	减：营业外支出

续表

18	其中：非流动资产处置净损失
19	**利润总额**
20	减：所得税
21	加：未确认的投资损失
22	**净利润**
23	减：少数股东损益
24	归属于母公司所有者的净利润

核心利润的公式就是：

核心利润＝营业收入–营业成本–税金及附加–销售费用–管理费用–财务费用＝毛利润–税金及附加–销售费用–管理费用–财务费用＝营业利润+其他经营收益+资产减值损失

核心利润才能真正反映一个企业通过主营业务赚钱的能力。通过对一个公司的核心利润进行横向以及纵向对比，也往往能得出意想不到的答案。以汽车股为例，长安汽车、上汽集团都是汽车股中的蓝筹股，但是它们的走势却有着天壤之别。

同样是汽车股，为什么股价的区别这么大呢？用前面的成长性、盈利性指标来解释就是，因为上汽集团的成长性和盈利性更好。

如果把它们的核心利润拿出来对比，我们还可以得到更深层次的原因。

表 4-15 长安汽车和上汽集团利润对比

单元：亿元

项目		2013 年	2014 年	2015 年	2016 年	2017 年	合计
长安汽车	净利润	33.3	75.2	99.2	103	72.1	382.8
	核心利润	−12.95	−6.26	7.61	2.55	−12.05	−21.10
上汽集团	净利润	356	383	401	440	471	2051
	核心利润	161	145	105	130	152	693

注：数据来自长安汽车、上汽集团2013年至2017年财报。

通过表4-15，我们可以发现，长安汽车在大部分年份的核心利润都是负数，5年的核心利润合计为-21亿。**相比之下，上汽集团的核心利润占到了营业利润的一半左右。**

这又是怎么造成的呢？了解我国汽车发展史的人都知道，当年为了引进先进的国外汽车技术，我国采用了与国外汽车品牌合营的方式成立汽车公司，比如长安福特、一汽大众等。所谓合营，就是国资和外资各占50%。通过前面章节的介绍，我们知道，对于合营和联营企业的利润，要记录在“投资收益”这个科目里，并不体现在核心利润里。长安汽车的核心利润之所以是负数，说明所有的利润还是来自合营企业，而自有品牌一直不赚钱。上汽集团之所以能成长为汽车领域的龙头，跟它大力发展自主品牌，并能实现稳定盈利关系很大。

3. 现金流量表

说完利润表，下面我们再来说说现金流量表。

现金流量表反映的是企业现金流入流出的过程，展示了企业对资金的筹措和管控能力。前文中我们了解到，现金流量表包含经营、投资、筹资三种活动的现金流。根据这三种活动现金流，我们可以得到8种不同类型的公司。在本小节，我们同样可以通过横向和纵向对比，得到我们想要的答案。

我们前面说过，判断一个公司的现金流情况好不好，关键要看：销售商品、提供劳务收到的现金与营业收入的比值（又叫收现比）是否大于1.13，经营活动现金流净额与净利润的比值（又叫净现比）是否大于1。

如果这两项指标都分别大于1.13和1，那么说明公司的现金流情况非常好；反之，说明公司的现金流情况比较差。

实际上，这也不是绝对的。有的行业，现金流情况非常好，比如白酒、家电等消费类企业——贵州茅台从2008年到2017年10年间实现净利润1328亿元，产生的经营活动现金流量净额为1401亿，经营活动现金流量净额是净利润的1.05倍。格力电器在这10年间实现的净利润978亿元，经营活动现金流量净额1397亿元，净现比高达1.43。

有的行业，现金流情况非常差，比如工程类企业——三聚环保最近10年净现比仅为0.014，也就是说1亿的净利润，只能收到140万的现金。又比如净水科技企业——碧水源净现比相对还好，10年间累计净现比为0.78，但依然没有超过1。

尽管现金流情况不一样，但是并不妨碍这4只股票都成了大牛股。所以，我们在针对现金流情况做对比时，一定要结合行业的实际情况，进行行业内的横向对比。